战略

复杂商业环境下的创新式增长

豆大帷　桂穗湘　马天利　著

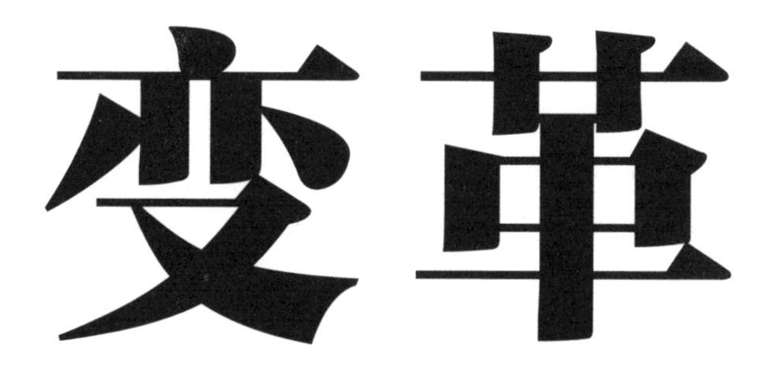

化学工业出版社

·北京·

内容简介

本书深入探讨了在当前复杂多变的商业环境中，企业如何通过战略变革实现创新式增长。全书从战略管理基础出发，结合华为DSTE体系等案例，详解战略定位、分析、规划与实施全链条。运用波特五力模型、SWOT分析、PEST分析等模型工具，构建全周期战略风险管理体系。战略规划章节强调动态适应，提供资源配置、组织变革等实战策略。数字化转型作为新引擎，揭示精益转型与供应链变革路径。同时，聚焦商业模式创新，通过商业模式画布与核心竞争优势设计，提出客户、价值、资源、财务四维驱动策略。全书以实战为导向，融合理论与实践案例，为企业战略变革与创新增长提供全面指导，助力企业在复杂商业环境中破浪前行，实现可持续发展与创新飞跃。

图书在版编目（CIP）数据

战略变革 ：复杂商业环境下的创新式增长 / 豆大帷，桂穗湘，马天利著．-- 北京 ：化学工业出版社，2025．5．-- ISBN 978-7-122-47459-9

Ⅰ．F272.1

中国国家版本馆CIP数据核字第2025NM8518号

责任编辑：夏明慧　　　　版式设计：溢思视觉设计 E-mail: isstudio@126.com / 程超
责任校对：杜杏然　　　　封面设计：卓义云天

出版发行：化学工业出版社
（北京市东城区青年湖南街13号　邮政编码100011）
印　　装：三河市双峰印刷装订有限公司
710mm×1000mm　1/16　印张15　字数217千字
2025年5月北京第1版第1次印刷

购书咨询：010-64518888　　　　售后服务：010-64518899
网　　址：http://www.cip.com.cn
凡购买本书，如有缺损质量问题，本社销售中心负责调换。

定　价：79.80元

版权所有　违者必究

前言

目前，我国数字经济的发展正处于快速上升期。在数字经济的发展浪潮中，企业的“航船”要想乘风破浪、勇立潮头，“掌舵人”必须把控好前进的方向。

2021 年，腾讯首席执行官马化腾在员工大会上提到“降本增效”“过冬”；2022 年，华为创始人任正非在内部讲话中要求“把活下来作为最主要纲领”“把寒气传递给每个人”……可见，中国的商业环境正经历巨大变化，一个新的时代正席卷而来。环境是企业生存与发展的背景，企业要想实现基业长青，就必须敏锐把握时代的脉搏，勇于进行战略变革。

近几年，笔者在企业调研和管理实战中发现，有很多企业管理者都没有意识到时代环境的变化，仍沿用旧的战略规划，导致企业发展逐渐步入危机。而有的企业管理者则对环境变化极为敏锐，能够及时基于市场环境的变化和企业的成长步伐进行战略调整，不仅带领企业顺利走过了变革阵痛期，还使企业焕发出了更大的生机。

在瞬息万变的数字时代，“掌舵人”要带领企业破浪前行，首先就要顺应时代趋势。数字化转型既是千载难逢的机遇，也是前所未有的颠覆和挑战。企业管理者不仅需要了解企业的资源分布、识别企业变革的痛点，还需要更新完善企业的战略规划，并以战略为蓝图带领企业穿越迷雾。

战略管理是一项系统性的工作，其之所以在企业发展中占有举足轻重的地位，归根结底是战略管理能够帮助企业主动应对不确定性，使得企业在复杂多变的环境中取得理想的成果。当战略管理的潮流兴起时，很多企业管理者也认识到了战略管理的价值，纷纷参与其中，然而有的企业制定的战略终究只是纸上谈兵，没能进入执行阶段；有的企业制定的战略虽然得到了执行，但却没有取得预期效果。

美国著名管理学家、平衡计分卡的创始人罗伯特·卡普兰（Robert S.Kaplan）曾经说过："好的战略加上差的执行，几乎没有胜算；差的战略加上好的执行，或许可能成功。"就目前国内企业战略管理领域的现状来看，不少企业管理者对于战略管理的认知仍停留在战略规划环节，对于战略解码、战略执行以及战略评估等环节则不够重视。企业在进行战略规划时通常会审视当前的处境，进而根据市场形势和客户需求制订经营计划，对未来进行展望，并以高效的资源配置推动经营计划的实施，最后对实施结果进行评估总结。也就是说，战略规划的目的是帮助企业实现目标和使命，这固然十分重要，但后续的战略解码、战略执行和战略评估才是规划落地的关键。

对于企业管理者来说，多年的掌舵经验使得其对于市场环境有着敏锐的洞察力、对于企业的成长也颇有见解，能够制定出清晰的企业蓝图，但如何让蓝图变成现实却成为很多企业管理者面临的主要挑战。企业的规模越大、业务版图越广，管理者"个人魅力"的局限性便愈发明显。就战略管理而言，理想的情形应是：随着企业战略实施的不断推进，战略管理体系会变得越来越具系统性，并将对战略实施环节产生积极影响，从而使得战略管理实现良性循环，真正助力企业获得持续竞争优势。

为了帮助企业管理者构建一套行之有效的战略管理体系，我和桂穗湘、马天利基于自身多年来在企业管理方面的经验，撰写了《战略变革：复杂商业环境下的创新式增长》一书。全书立足于现代企业战略管理理论与实践，全面阐述战略管理的概念与内涵、体系架构与实施流程，分别从战略定位、战略分析、战略规划、战略实施、数字化转型战略、商业模式设计等维度，深度剖析企业战略从制定到执行的操作步骤与执行要点，为读者提供极具实战指导性的模型、工具与方法，致力于为企业构建一套行之有效的战略管理体系，帮助企业建立持续竞争优势。全书主要包括七大部分：

- 第一部分：战略管理。企业战略对于企业发展有重要影响，企业能否存续、发展状况如何，很大程度上取决于企业战略。该部分首先对战略管理的内涵特征、实施流程等进行介绍，然后从机制建设维度阐述企业战略创新管理，最后以华为 DSTE 战略管理体系为例分析战略管理体系对于企业成长的意义。

- 第二部分：战略定位。企业的现在和未来正是通过战略定位实现了交汇，形成了互相联通的关系。该部分着重阐述企业战略定位的四个层面和分析框架，引导企业管理者找准企业发展过程中的“靶向标”。
- 第三部分：战略分析。该部分依次对五力分析、SWOT 分析、PEST 分析等实战工具进行剖析，力求从战术层面呈现企业战略分析的实操技巧，为企业管理者提供极具操作性的战略管理模型、工具与方法。
- 第四部分：战略规划。战略规划是在战略分析的基础上，进一步对企业发展的各项影响因素进行细化评估，并据此对众多已有的战略方案进行筛选，选择出在针对性和实操性方面都极具优势的战略方案。该部分首先介绍了战略规划的内涵和意义、基础前提、影响因素、核心问题，然后论述战略规划的流程和方法，最后重点讲解 VUCA（VUCA 分别指易变性、不确定性、复杂性、模糊性）时代的动态战略规划。
- 第五部分：战略实施。战略执行和战略制定不是两个彼此分离的步骤，两者之间相互影响、联系紧密。该部分首先阐述企业战略类型及其实施路径，然后详细介绍战略解码和战略执行的方法、流程、策略等。
- 第六部分：数字化转型战略。数字化转型是现代企业发展的必然阶段，值得注意的是，数字化转型并非一蹴而就，而是一个长期的过程，因此需要企业通过制定数字化转型战略来实现数字化企业建设目标、数据驱动理念与企业发展实际的深度融合，围绕企业的发展方向、目标愿景、目标实现路径等关键问题提出数字化解决方案，做好企业数字化转型目标下的架构设计、路径梳理、任务细化、资源准备等工作。
- 第七部分：商业模式设计。商业模式是管理学的重要研究对象，能够在一定程度上反映企业战略。商业模式设计是企业运营的关键环节，具有可重复性和可强化性等特点，需要整合业务、资源和流程三项内容，能够在一定程度上帮助企业解决在运营方式和市场竞争方面遇到的难题。商业模式与企业选择的行动方案密切相关，它既能提供符合其行动方案的价值组合，也能反映企业在实现战略目标过程中的经营逻辑。

本书内容深入浅出、通俗易懂，力求将复杂知识简单化、专业知识通俗化、抽象概念具体化。为降低读者的理解难度，增强阅读的趣味性，书中除穿插大量经典案例与场景剖析外，还注重提炼关键信息，将抽象复杂的专业知识以图表的形式呈现出来，让读者一目了然，更好地完成知识转化与应用。

此外，本书注重理论与实践相结合，立足于当前企业数字化转型与变革的发展趋势，对华为、英特尔、优衣库、京东方、壳牌、三星等知名企业的战略模式进行了细致分析，总结其战略变革的成功实践经验，对企业管理者具有一定的参考与借鉴价值。

豆大帷

目录

第1章

战略管理

1.1 战略管理：构建企业持续竞争优势

1.1.1 战略管理的内涵特征

“战略”一词来源于希腊语 Strategos，其最初的含义为“将领指挥军队所用的谋略”。后来，该词在企业管理领域得到了广泛的应用。1962 年，伟大的企业史学家、战略管理领域的奠基者之一艾尔弗雷德 •D. 钱德勒（Alfred D.Chandler）在其著作《战略与结构》（*Strategy and Structure*）中将企业战略的定义进行了明确，认为企业战略能够决定企业的长远发展目标，并指导企业进行资源分配和运营活动以实现战略目标。

钱德勒提出了“结构跟随战略”的命题，即认为企业的经营战略将影响其组织结构，战略、组织和环境应是相互适应的。企业战略对于企业发展有重要影响，企业能否存续、发展状况如何，很大程度上取决于企业战略。此外，企业战略与整体市场环境之间也存在密切关系。

在传统意义上，战略的概念侧重强调计划性、全局性和长期性，在 20 世纪 60 至 70 年代的企业管理中，此类概念得到了普遍的认可，在企业管理中具有重要的指导意义。不过，当经济社会环境发生变化时，传统战略概念就会显得不合时宜。在现代企业管理中，战略的概念需要突出应变性、竞争性和风险性，这是因为大多数企业的战略都不再只包括通盘计划，企业管理者还要充分考虑到公司经营过程中可能出现的各种状况，在此基础上不断对战略进行完善，从而打造独特的竞争优势。

（1）战略管理的概念与内涵

对于战略管理，可以给出以下定义：企业从自身使命出发，基于内外部条件确立战略目标，围绕目标做出具体谋划、推动谋划的实施，并通过动态管理保证实施的效果。战略管理要求围绕战略目标开展运营活动，其主要任务包括战略制定、战略实施、日常管理，并在这三项任务之间建立动态平衡的关系，最终向着战略目标迈进。

总的来说，战略管理的基本内涵可以概括为以下两点：

- 战略管理是全过程的，管理的对象包括战略制定和战略实施。
- 战略管理是动态平衡的、循环往复的，需要基于内外部环境变化及战略实施结果不断做出相应的调整，从而实现持续管理。

战略管理的概念与内涵可总结为如图 1-1 所示。

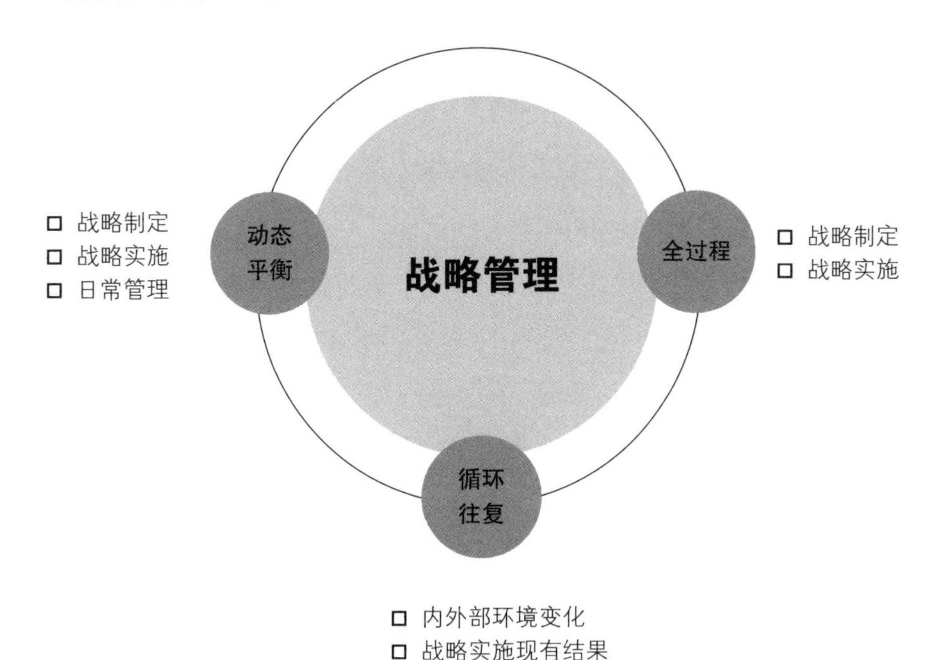

图 1-1　战略管理的概念与内涵

（2）战略管理的核心特征

战略管理的核心特征可以概括为以下几点，如图 1-2 所示。

① 全局性管理

战略管理着眼于企业发展的全局，服务于企业的总体活动，以总体效果作为目标和导向。与此同时，战略管理也会涉及企业局部活动，但仍将其视为总

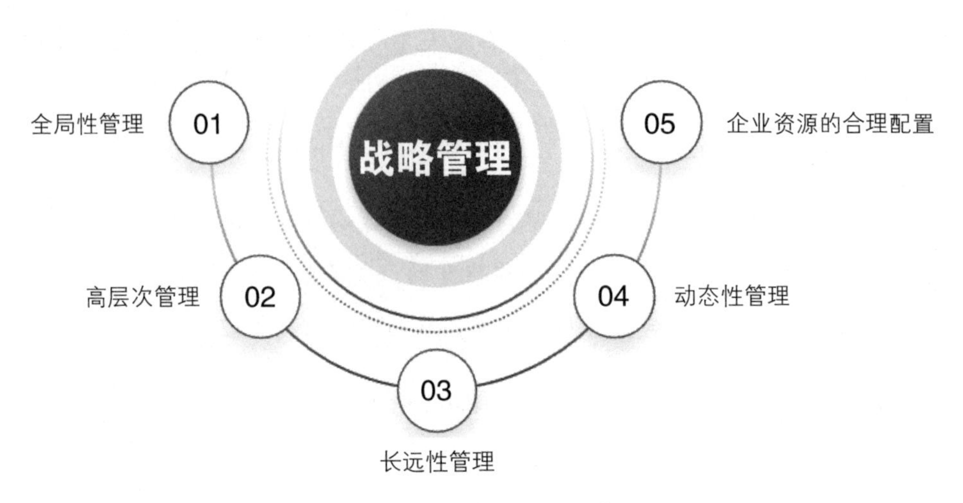

图 1-2　战略管理的核心特征

体活动的一部分。战略管理不会着重突出企业中某个特定部门的作用，而是对各个部门进行协调，使各个部门在企业战略目标的指引下各司其职、通力合作，为目标的实现作出贡献。从这个意义上说，战略管理的特点体现为全局性、综合性、系统性。

② 高层次管理

企业的战略决策是全局性的，需要全体企业成员的参与，包括管理者与普通员工，而在这当中起到关键作用、作为战略管理主体的是高层管理人员。一方面，高层管理人员对于企业全局有更充分的了解和认识，具备推动战略实施的认知基础；另一方面，企业战略的实施需要投入相应的资源，而高层管理人员拥有企业资源的分配权。

③ 长远性管理

企业在制定战略决策时，通常会着眼于今后较长的一段时间，规划内容主要涉及自身的生存和发展问题。实际的战略决策制定会从企业的当前处境出发，为现阶段的企业经营提供行动指南，但最终仍然落脚到企业的长期发展上。可以说，企业管理者会将更多的目光放在企业的未来上，通过预测未来的环境变化以及企业发展的走向，从而制定战略决策。面对未来的挑战和竞争，企业有必要提前做出判断，在长期层面上实施战略管理，以确立自身的发展优势。

④ 动态性管理

当今企业所处的系统是开放的，而身处这个开放系统中的企业会受到诸多外部环境因素的影响，包括竞争对手、消费者、政策法规等，通常情况下企业是无法改变这些因素或对其加以控制的。而在实际的市场环境中，企业能否建立起竞争优势，很大程度上取决于其对外部环境因素的适应能力，因此企业应重点考虑这些外部环境因素，将其作为自身战略管理的重要内容，以此提升战略管理的针对性和适用性。

⑤ 企业资源的合理配置

企业资源有人力、实物、资金等多个种类，想要开展与战略决策相关的活动，就要靠充足的资源来支撑。因此，实现资源的合理配置是非常重要的，这在很大程度上决定了战略目标最终能否顺利实现。所以在资源的配置问题上，企业要制定完善的规划，一方面要通过有效的手段筹集到更多的资源，另一方面要注重提高资源的利用效率。

1.1.2　战略体系的 3 个层次

企业的战略管理需要基于战略体系，而企业的战略体系按照涉及范围的不同可以划分为公司层战略、业务层战略和职能层战略，这 3 个层次共同构成了企业战略体系，如图 1-3 所示。

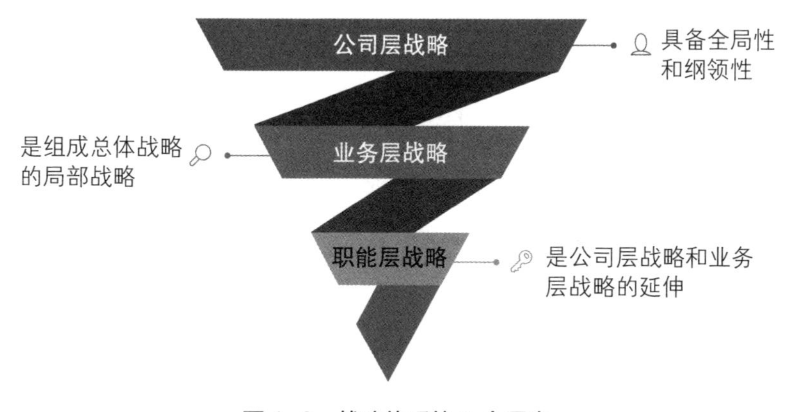

图 1-3　战略体系的 3 个层次

（1）公司层战略

公司层战略也被称作总体战略，具备全局性和纲领性，在企业战略结构体系中所处层次最高。如果企业由多个单位组成，则将母公司或总部的战略作为整个企业的总体战略。总体战略负责规划企业的总体发展路线，指出企业的总体发展方向，引导企业各部门实现高效协作，对企业资源加以充分高效利用，不断提升企业的核心竞争力，最终完成企业的总体发展目标。

公司层战略涉及两个关键问题，如表 1-1 所示。

表 1-1　公司层战略涉及的关键问题

问题	要点
“做什么业务”	针对这个问题要在充分考虑外部环境和企业内部因素后给出回答，选择合适的行业和领域，开展有利于企业自身发展的业务，推出符合市场需求的产品
“如何管理业务”	业务管理需要企业各业务单位间的配合，确定正确的发展方向，实现资源的合理配置，通过有效的业务管理为企业战略目标的实现提供支撑

（2）业务层战略

业务层战略也被称作经营单位战略，在战略体系中位于企业总体战略之下，是组成总体战略的局部战略。许多大型企业拥有多项业务，各项业务都有对应的部门。由于从事的业务不同，这些部门所处的环境也会有所差别，另外企业分配到各项业务的资源也不是均等的。在此条件下，各部门需要根据实际情况制定适用于自身的战略，由此便形成了业务层战略。各部门在业务层战略的指导下开展业务，做出各项经营决策，实施经营行动。

业务层战略关注的是企业的某个业务单元，相较于全局性的总体战略，其具备独立的性质。业务层战略聚焦于特定业务范围，以及该范围内的经营活动，旨在帮助企业在特定的市场中建立优势。具体而言，业务层战略侧重的是：落实企业发展的使命，从自身出发分析业务发展条件，确定业务发展目标，识别业务发展过程中的机遇与风险。

需要注意的是，有的企业规模较小，业务单一；有的企业虽然规模较大，但是只专注于某一特定的业务领域。对于这些企业来说，业务层战略与企业总体战略基本是重合的，主要用来指导企业在所处业务领域内的决策，帮助企业确立竞争优势。

（3）职能层战略

职能层战略聚焦于特定职能管理领域，是公司层战略和业务层战略的延伸，位于企业战略体系中的基层。职能层战略指导职能部门高效推进工作，保障工作质量，促进企业资源的合理配置。职能层战略负责将公司层战略和业务层战略的规划落到实处，因此与后两者相比，其内容的细致程度更高，对于具体问题会给出更详尽的解释。在职能层战略的作用下，各项职能之间会建立起协调的关系，有助于实现高效的职能管理。职能层战略由各职能领域的多项具体战略组成，一般情况下涉及的领域包括生产、营销、人事、财务等。

综上可对企业战略体系中3个层次的战略进行一番总结。公司层战略从全局出发确定企业的发展道路和价值取向，表现为抽象的概念，制定者为高层管理人员；业务层战略负责确定企业具体业务领域的规划，制定者为业务领域对应部门的负责人；职能层战略为企业各项职能的实际运作提供指导，并针对具体操作给出解答。

战略体系的不同层次之间是相互依托、相互促进的关系，上一层次的战略指导下一层次的战略，下一层次的战略落实上一层次的战略。因此，企业的战略管理就要将不同层次的战略有机地结合在一起，通过各层次战略间的高效配合实现战略效果的最大化，推动战略目标的实现，帮助企业构建持续竞争优势。

1.1.3　战略管理的4大关键点

几乎所有企业在创立之初和发展的过程中都会设立若干发展目标，通常情况下，企业追求的目标包括扩大企业规模、提升综合实力、获取理想收益、创造社会价值等，这也是企业战略管理所要实现的目标。

制定企业战略，实施战略管理，最终都是为了给企业带来积极影响，促进企业的正向发展。评价战略管理的实施效果，则需要从与发展相关的数值和指标入手，因为数值和指标是客观的、无可辩驳的，最能够展示出战略目标的实现情况。因此，对于着眼于实际、旨在切实推动企业发展的战略管理而言，用数据的形式客观呈现目标是非常有必要的。如果用笼统的、模糊的方式来衡量和表现战略管理目标，则会降低目标的说服力，不利于战略管理发挥应有效用。

有的企业由于不满足于微小的成绩，梦想一鸣惊人，会倾向于制定比较宏大的战略管理目标，但如果缺乏现实条件作为支撑，梦想最终只能是空想。因此，企业战略管理目标要具备可行性，企业的发展也要一步一个脚印，从现实出发制定并完成一个又一个阶段性目标，在不断地积累中取得成果和进步。

具体来说，企业的战略管理应该把握以下 4 大关键点，如图 1-4 所示。

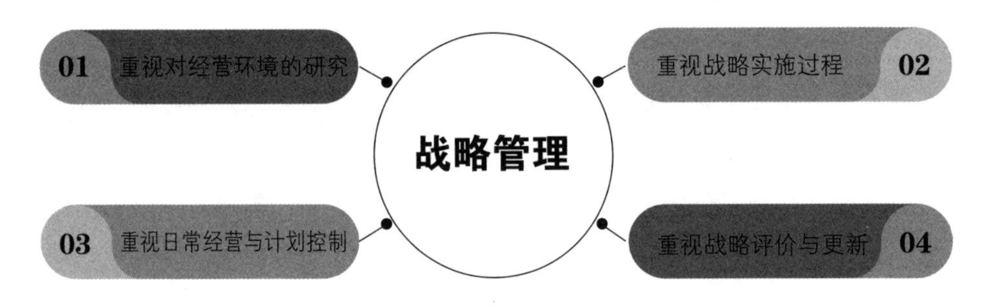

图 1-4　战略管理的 4 大关键点

（1）重视对经营环境的研究

战略管理需要考虑到外部环境的变化，基于对未来变化的分析作出决策是战略管理的基本要求。因此，企业在战略管理的过程中，应该时刻关注所处的经营环境，通过对环境的深入分析识别潜在的机会和挑战，选择对自身发展最为有利的方向和领域，提升企业的整体竞争力。

（2）重视战略实施过程

在战略分析和战略制定之外，战略实施也是战略管理的重要组成部分。战略管理的实践性决定企业在经营过程中会根据实践结果和环境变化对战略管理实施动态调整。因此，随着企业战略实施的不断推进，战略管理会变得越来越具系统性，这又将对战略实施产生积极影响，战略管理也就实现了良性循环。

（3）重视日常经营与计划控制

战略管理需要重视战略实施的过程，战略实施则需通过日常经营和计划控制来实现，在这个过程中，战略所代表的长期目标与日常计划所代表的短期目标便实现了有机融合。总体目标与局部目标的融合能够激发管理人员的积极性和主动性，有助于战略管理取得更好的效果，并显著提高企业资源的利用效率。

（4）重视战略评价与更新

战略管理不单要规划企业的前进方向，还要对企业进行改革，帮助企业在运营过程中摆脱阻碍其发展的束缚。因此，在评价企业战略时，要将战略的持续有效性作为一项重要的指标，根据评价结果对战略进行更新。而战略的持续更新能够使企业保持对外部环境的适应能力，保证企业始终处在正确的轨道上。

1.1.4 战略管理的职能

企业应明确战略管理与经营管理之间的区别。从本质上来看，战略管理与经营管理之间存在较大差别，与经营管理相比，战略管理的清晰和细致程度较低，但层次较高，各项相关工作通常需要由企业的董事会和董事长负责，董事会下设具有战略管理职能的战略发展部门。从对企业发展的价值来看，战略管理能够增强企业的生命力，促进企业向前发展，提高企业对环境的适应能力；经营管理能够增强企业的竞争力，助力企业提升收益水平，提升企业的市场地位。由此可见，战略管理与经营管理具有不同的职能，与之相对应，二者也需要使用不同的管理体系。

具体来说，战略管理的职能涉及战略研究、战略情报、战略组织和战略控制等多项内容，如图 1-5 所示。

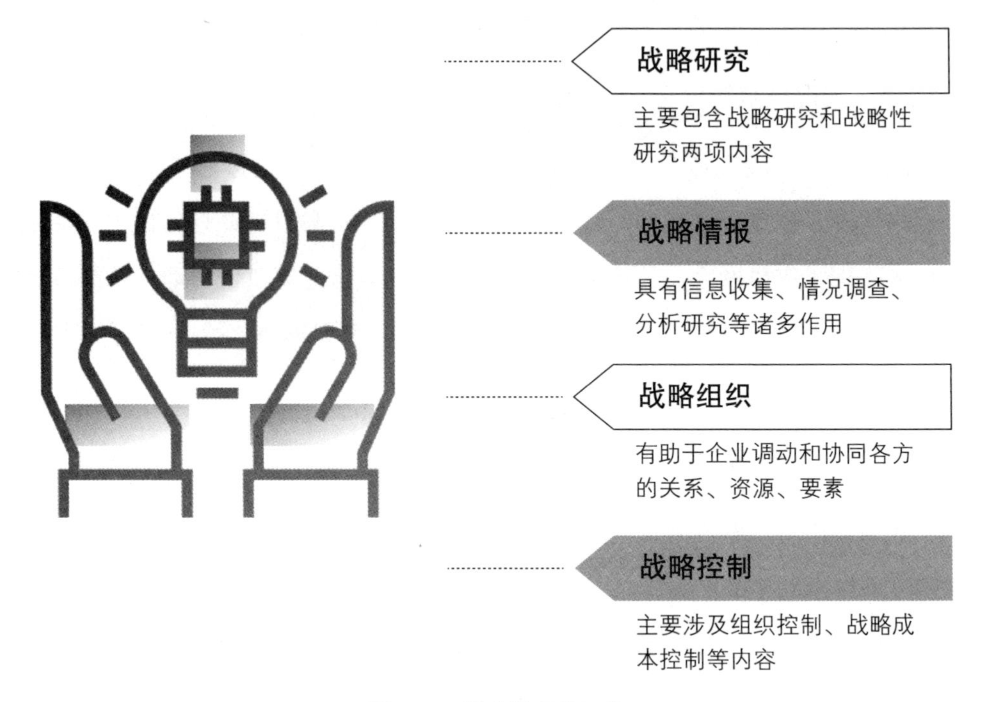

图 1–5　战略管理的职能

（1）战略研究

战略研究职能主要包含战略研究和战略性研究两项内容。其中，战略研究与未来环境变化情况有关，研究内容主要涉及企业的战略、战略目标和战略规划；战略性研究与战略研究之间关系紧密，研究内容只涉及变化的某一方面、某一层次或局部，能够在政策和策略方面为企业实施战略提供支持。

现阶段，大部分企业并未设立专门研究政策和策略的机构，而是在遇到问题后再在总经理工作会上提出相应的对策。由此可见，这些企业存在内在主动权缺失和外在竞争主动性不足的问题，除此之外，企业还可能出现政策与策略之间难以协调的情况。为了解决这些问题，企业需要设置战略发展部门专门负责战略性研究工作，并鼓励各个经营部门参与到战略性研究当中。

（2）战略情报

战略情报职能与经营信息管理之间存在较大差别。具体来说，战略情报管理不受市场环境、社会环境及其他环境的限制，且具有信息收集、情况调查、分析研究等诸多作用，既可以涉及和研究各种调查方法，也可以充分发挥各种调查方法的作用，对正在发生的变化进行调查，并通过预见调查、预测调查等方式对未来一段时间内可能会出现的变化进行预测。

（3）战略组织

战略组织职能有助于企业调动和协同各方的关系、资源、要素，推进战略项目的实施，并借此创造或获取新的发展机会。

战略组织职能的发挥需要两方面的协同配合，其一是企业内部管理及业务运营；其二是企业与外部对象的关系构建和资源协调。内外部关系、资源、要素的协同配合，能够为企业带来一种强大的协同效应，增强企业的环境适应能力，提升企业的市场竞争力。

（4）战略控制

战略控制职能与企业的战略部署和战略规划之间关系密切，主要涉及组织控制、战略成本控制等内容。

组织控制指的是企业的公司治理结构，目前我国有许多企业存在公司治理结构不符合实际情况的问题，如公司治理结构与企业的类型或发展时期不符、战略同质化严重等，这都会在一定程度上影响企业的竞争力，进而导致企业难以在市场竞争中获得胜利。为了充分发挥组织控制的作用，企业需要综合考虑自身的发展战略、发展时期、经营规模等多项因素，设置科学、合理、有效的治理结构，增强自身对环境的适应能力。

战略成本控制主要与企业的发展态势和发展主动权相关。一般来说，企业的发展速度和经营规模均会直接影响其发展态势和发展主动权，但当环境发生快速变化时，不断提升的发展速度和持续扩张的经营规模可能会成为劣势，对企业的经营管理造成困难。

1.1.5 战略管理的实施流程

从实施流程上来看，战略管理主要包含以下几个环节，如图 1-6 所示。

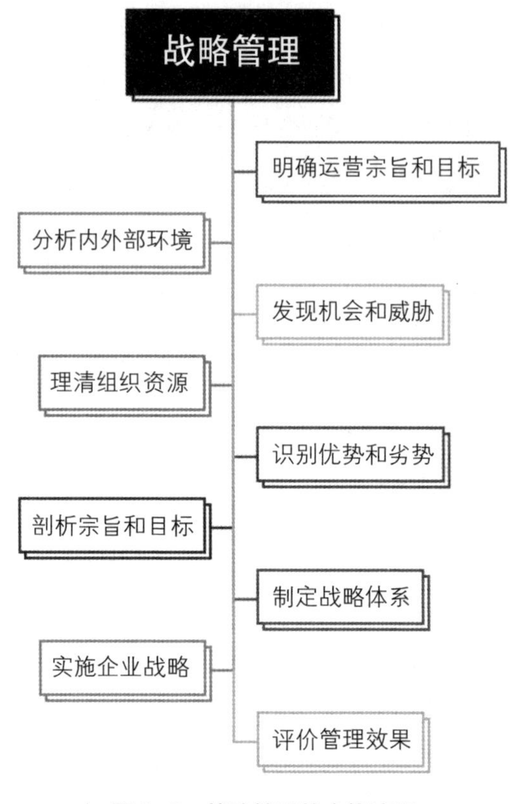

图 1-6 战略管理的实施流程

（1）明确运营宗旨和目标

企业的战略管理需要先明确运营的宗旨和目标，确定产品和服务范围。运营宗旨和目标能够为企业的发展指明方向，给企业的成长注入强劲动力，因此企业的运营宗旨和目标也是决定企业能否获得市场竞争力的关键要素。

从本质上来看，企业的运营宗旨和目标体现了其在社会发展中扮演的角色、在市场经济中发挥的作用。明确了运营宗旨和目标，企业的经营思想、发展方向、战略目标就有了依据，企业在运营中也就具备了生命力、组织力和执行力。

因此，明确运营宗旨和目标，是企业经营的第一步，也是企业战略管理的首要环节。

（2）分析内外部环境

在战略管理过程中，企业需要充分分析组织环境。对企业来说，好的战略应与环境相适应，符合企业的实际情况，能够帮助企业获得更好的发展。以松下电器为例，家庭娱乐系统是其主营业务，进入 20 世纪 80 年代中期，松下电器的技术不断升级，推动家庭娱乐系统向微型化发展，与此同时，家庭逐渐趋向小型化，使市场需求发生变化，大功率、高度紧凑的音箱系统的需求量快速增长，松下电器及时发现了这种技术和市场需求的变化，并针对这些变化制定和实施 Panasonic 家庭音响系统战略，最终凭借该战略大获成功。

由此可见，企业在战略管理过程中也应广泛采集各方面环境信息，通过对内外部环境的分析进一步了解企业所处环境的变化和发展趋势，把握市场竞争情况，了解相关法律法规和政策，掌握企业所在地的劳动供给情况等。

（3）发现机会和威胁

机会和威胁都来自企业所处的环境，因此，在完成环境分析工作后，企业还需要从环境中发现更多机会，并对这些机会进行分析评估，从中筛选出有价值的机会，为企业的发展提供支持，同时也要及时发现影响企业发展的威胁，避免其对企业实现战略目标造成阻碍。

在对机会与威胁进行分析的过程中，企业需要综合考虑各项关键因素，如竞争者行为、消费者行为、供应商行为、劳动力供应等。在制定战略的过程中，企业需要设计长期计划，因此也要充分考虑一般环境因素，如法律、经济、技术、政治和社会变迁等，除此之外，企业还需进一步考虑债权人、利益集团、压力集团、自然资源和潜力竞争领域等方面的各项相关因素。

（4）理清组织资源

企业所拥有的组织资源主要包括人力资源、物质资源、信息资源、技术资源等。各类资源共同构成企业的竞争优势，影响着企业在市场竞争中的地位，决定着企业能够创造的社会价值的高低。因此，企业在进行战略管理时，除了需要明确运营宗旨和目标、分析内外部环境、发现潜在的机会和威胁，还需要理清企业所拥有的资源。需要注意的是，虽然企业文化、品牌声誉等是无形的，但对企业的发展而言也是十分重要的资源，不能被忽视和低估。

（5）识别优势和劣势

战略管理需要对企业拥有的优势和劣势进行识别，其中，优势指的是企业在发展过程中支撑自身实现目标的积极的内部特征和特殊能力，也是企业在市场竞争中不可或缺的特殊技能和资源；劣势指的是阻碍企业达成战略目标的内部因素。

具体来说，在企业的战略管理中，对优势和劣势进行分析评估时，需要综合考虑组织结构、管理能力、管理质量、人力资源、组织文化等各项相关内容，同时也可以从各类相关报告中获取企业优势和劣势的相关信息。

（6）剖析宗旨和目标

上文已经提到，企业战略管理的第一步就是明确企业的运营宗旨和目标，而在战略管理的过程中，还需要对运营宗旨和目标进行剖析，一方面以运营宗旨和目标指导战略管理，另一方面通过战略管理贯彻运营宗旨和目标。企业可以借助SWOT分析法等工具的作用，根据具体的优势（Strengths）、劣势（Weaknesses）、机会（Opportunities）和威胁（Threats）展开对宗旨和目标的深度剖析，并在此基础上加深对企业的运营宗旨和目标的理解。

（7）制定战略体系

企业的战略管理需要基于战略体系，公司层战略、业务层战略和职能层战略共同构成了企业战略体系。因此，在战略管理的具体实践中，企业需要从自身实际情况出发，设立相应的公司层战略、业务层战略、职能层战略，并进一步明确企业的市场定位，从而在市场竞争中获得相对优势。

（8）实施企业战略

实施战略是影响企业达成战略目标的重要环节，也是战略管理的重要组成部分。在实施企业战略的过程中，不仅要确保最高管理层具有强大的领导能力，还要注意提升中层和基层的管理人员在执行任务方面的主动性，同时也要采用多种手段来为战略目标的实现提供保障，如招聘、选拔、处罚、调换、提升、解雇员工等。

（9）评价管理效果

战略管理的最后一个环节，即对管理效果进行评价。企业需要评估战略管理效果，并找出需要进一步优化调整的部分，从而为后续的战略管理提供指导和借鉴。

1.2　机制建设：驱动企业战略创新管理

1.2.1　理念创新：以消费者为中心

随着数字化时代的到来，许多传统的企业管理理论已经不再适用，企业的运营模式亟须从“以企业为中心”向“以消费者为中心”转变。信息传播方式的变革，使得用户习惯于通过多种渠道传递需求信息，而能够主动挖掘并满足用户需求的企业才能得到用户的青睐。

但是，有的企业依然固守传统管理理念，仅从自身所拥有的技术、资源等出发推出产品、开展经营；有些企业则尝试采用“以消费者为中心”思维，但并未对原有的战略模式进行调整，在商业模式、运营方式、管理方法上也没有做出根本性改变。在新的时代背景下，人们的消费习惯、心理需求都呈现出了新的特点，固守传统管理理念或不愿作出根本性改变的企业显然已经无法满足用户需求，最终只会被迫退出市场。

采用传统经营理念的企业，倾向于围绕厂商开展运营，实施统一标准，通过批量化生产、大规模促销的方式立足于市场。数字化时代到来后，消费者越来越注重对自身个性化需求的满足，并希望能够获得优质的消费体验，相较之下，厂商对企业运营的影响明显降低。在这种情况下，企业应该改革传统商业模式及管理理念，并转变对产品、用户、市场、商业生态系统的认知，提高服务项目在整体业务中的比重，围绕消费者开展运营，提高企业生产、营销、服务等项目的灵活性，从而更好地对接用户的个性化需求，处理好公司与员工、供应商、代理商、合作伙伴、同行竞争者之间的利益关系，发挥商业系统内部各个组成部分之间的协同效应，达到共赢目的。

在传统模式下，企业的管理多聚焦于原材料采购、生产、成本、存储、渠道、物流配送等环节。在数字化时代，知识要素的价值表现得越来越突出，企业需要大力发展知识服务项目。这是因为在参与市场竞争的过程中，有形资产的消耗会导致企业从生产要素中获得的利润不断降低，但知识要素却能够借助于技术改革、流程重塑等方式不断进行新的市场开拓，创造更多价值，进而给企业带来更多利润。

所以，身处数字化时代的企业，要构建企业创新管理机制，首先应该树立“以消费者为中心”的理念，发挥大数据、物联网、人工智能等技术的优势，打通企业的产品研发、运营、管理等各个环节，改革传统模式下企业对产品、用户、生产等的管理方式，提升企业的自主创新能力，将更多精力投放到知识要素管理方面。

1.2.2 组织创新：实施扁平化管理

如今，国内很多企业仍采用等级分明的组织形式，但在新兴技术不断涌现的数字化时代，这些企业的现有组织结构存在的不足越来越凸显。面对瞬息万变的外部环境，这些企业要想把握住机遇，就要迅速出击、灵活应对，但现有的组织结构明显无法满足企业的发展需求。

在传统组织形式下，企业制定出决策之后，要逐级发布信息，一线工作者获取的市场信息也要逐级向上汇报，这种模式导致企业难以提高自身整体运作效率，也无法及时应对市场环境的变化，难以抓住良好的机遇，获得突破式发展。而且在传统模式下，企业通过批量化生产、促销，参与低价竞争来盈利，并在发展过程中不断扩大自身规模和实力基础，此时企业采用的是等级制垂直管理模式，目的是提升整体的运营效率。

随着数字化技术的高速发展和推广应用，企业面临的是日益复杂的市场环境，所以必须提高其应对市场变化的能力，及时推出符合消费者需求的产品和服务，实施柔性化管理。但在传统的等级制垂直管理模式下，企业的反应能力较差，无法及时应对变化，而要想解决这个问题，就要精减企业的管理层次，采用扁平化管理模式。

近几年，越来越多的企业开始采用网状扁平化管理模式。这种管理模式具有明显的“去中心化”特点，将整个组织系统划分成不同的单元，这些单元之间互联互通，且各自拥有高度自主权，各个关键节点之间相互影响，共同形成完善的网状系统，能够有效提高企业对互联网时代的适应能力。

与层级式组织结构相比，扁平化组织结构的优势十分明显，如图 1-7 所示。

① 扁平化组织结构加速了信息流通，便于企业及时掌握市场动态。利用网络系统，企业能够与消费者展开直接互动，从而获取海量的一线数据，并快速进行分析和处理，根据用户需求开展企业运营，提高自身的反应能力。

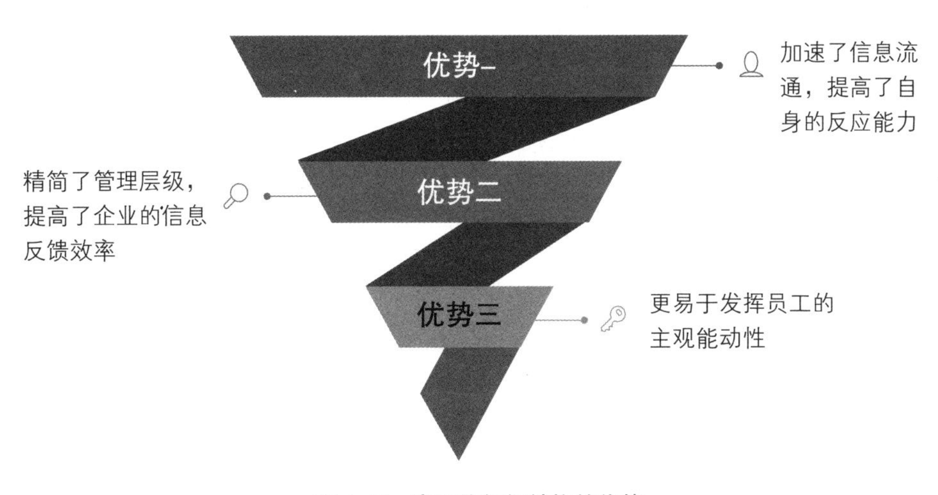

图 1-7　扁平化组织结构的优势

② 扁平化组织结构精减了管理层级，提高了决策效率。相较于传统模式，扁平化组织结构的复杂程度大大降低，能够实现所有员工之间的沟通互动，快速进行信息传达，还能够跨越管理层级，提高了企业的信息反馈效率。

③ 扁平化组织结构更易于发挥员工的主观能动性。在扁平化管理模式下，企业为员工才能的发挥提供了平台支持，员工在参与项目开展的同时，也能够从中获取利润，这种模式能够激发员工的潜能，促使其发挥自身的创新思维能力，还能提高企业内部环境的开放性和公平性，避免严格的等级制度助长公司内部的官僚作风。

1.2.3 人才创新：柔性化人才培养

在数字化时代，企业的信息处理方式发生了颠覆性的变化，对传统的人才管理模式形成了巨大冲击。在传统模式下，企业对员工实施非常严格的管理，要求员工必须遵守各项规章制度、按照要求执行命令、在规定时间内完成自己被分配的工作任务等。在企业与员工的关系中，员工处于被动地位。而且，在传统模式下，企业的最高管理者掌握最终的决定权，并将决策信息逐级传递给各层管理者、员工，员工只负责具体任务的执行。这种模式无疑限制了员工潜能的发挥，使得企业逐渐跟不上时代发展的步伐。

信息技术的高速发展与普遍应用，使得不同员工之间、员工与管理者之间的沟通更加顺畅，另外，高速发展的互联网还给人们提供了便利的信息获取渠道，所有一线员工都能够利用网络渠道了解市场动态，提高自身的信息分析能力，拥有自己的独立见解，这些因素都促使企业改革传统的人才管理方式，给予员工更多的尊重，帮助员工发挥自身的优势，为企业的发展作出贡献。

根据“科学管理之父”弗雷德里克·温斯洛·泰勒（F.W.Taylor）在其主要著作《科学管理原理》中提出的科学管理理论，企业要将经验管理方式转化为科学化、标准化的管理方式，促使劳动者提高工作效率，实施定量分配，并进行专业分工，发挥高层管理者的监督作用。在这种理论模式下，企业对员工实施统一的管理，严格监督员工的工作行为，在定量分配的基础上使企业的员工管理透明高效，加速了现代企业的发展。

这种管理模式比较强硬，尽管能够使员工的行为更加规范，但从长期来看，无法保持员工工作的积极性，因为严格的管理体制要求员工服从命令办事，无须发挥自身的主观能动性，也就无法让员工从工作中获得成就感和满足感。在新的时代背景下，全球化进程不断加快，商业领域的技术、资本、信息等在世界各地自由流动，员工的个人价值日渐突出，要想推动企业的发展，就要充分调动员工的积极性，为此，企业要对传统的人才管理模式进行改革。

时代的发展、市场的变化，催生了企业的“柔性管理”模式。从根本上来说，这种管理模式是围绕“人”本身来展开的。在传统管理模式下，员工要依据管理者的指示行事，而采用柔性管理模式的企业更加重视员工的个人价值，充分尊重员工的个人尊严，旨在增强全体员工的凝聚力，促使员工对企业产生归属感。

1.2.4　运营创新：健全创新管理体系

在企业管理中，创新管理不仅难度较高，也较为复杂。从涉及的专业领域层面来看，创新管理与研发、生产、营销、人力资源等多个方面均密切相关；从管控对象层面来看，创新管理包括围绕创新活动的组织、环境、目标、模式、资源、能力等多项内容。

因此，为了实现观念和理念层面的超前跨越，提升企业创新管理的标准化、规范化和专业化水平，企业不仅需要基于 PDCA 等管理方法创建创新管理的对应流程和配套制度，还需要打造一整套与企业运营相匹配的创新管理体系，也就是说，需要对创新项目的策划管理、实施管理、绩效评价等全过程进行有效控制，使得创新项目能够顺利推进。健全创新管理体系的主要策略如图 1-8 所示。

（1）创新项目规划管理

创新项目规划管理是指根据创新战略解析创新计划并安排到相关部门进行实施。

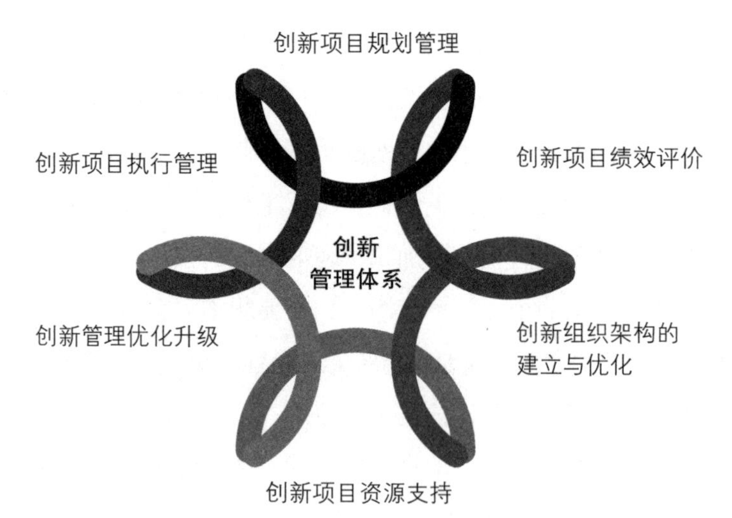

图 1-8　健全创新管理体系的主要策略

具体而言，首先，应制定创新项目计划，即根据年度的工作重点策划相关的创新项目，或组织全员参与申报创新项目。在制定计划时，需要明确年度创新目标，并确定创新项目的责任方和参与方以及相关创新所需的保障措施。其次，还应制定创新项目管理计划和里程碑计划，确定创新项目的管理计划后，明确项目的目标、工作进度和质量要求，并设置相应的里程碑节点，以便对项目的进展进行跟踪和评估。最后，评价、保护和运用创新成果。在项目实施过程中，对创新成果进行评价，并采取相应措施进行保护。同时，要合理运用创新成果，促进技术转化和商业化应用，最大限度地发挥成果的创新价值。

（2）创新项目执行管理

创新项目执行管理主要关注创新项目的实施阶段，旨在提供相关资源支持，如过程指导和上限提升等。具体可以通过多次评审掌握各创新项目的进度和问题，及时帮助创新人员顺利推进工作。创新项目执行管理的目标是确保项目按计划执行，使得企业能够有效利用资源，优化项目团队协作，从而最终达到创新项目规划的要求。

（3）创新项目绩效评价

创新项目绩效评价是创新项目实施过程中的一个重要环节，通过绩效评价，可以客观地评估创新项目的成果质量、实施效果以及对企业价值和竞争力的贡献程度。

在进行创新项目绩效评价时，首先，企业可以聘请专业人士参与评价工作，专业人士的参与可以提高评价结果的客观性和准确性，帮助企业全面了解项目的优劣势，进一步提升自身创新能力和实施效果。其次，企业需要制定评审标准、办法及流程，以明确评价的指标和方法。评审办法及流程应清晰明确，确保评价工作的规范性和可操作性；评价结果应及时反馈给项目团队，让其了解项目实施的成效和问题，帮助其进一步调整和改进。

（4）创新管理优化升级

创新管理优化升级阶段的主要任务是搭建创新成果交流平台以促进创新能力的提升。在这个阶段，企业可以建立一个促进创新者之间沟通交流的平台，比如线上的创新社区、内部的创新分享会议等。通过分享创新经验、成功案例以及失败教训等，促进全体员工创新能力的提升。针对优秀的创新活动参与者和组织者，企业可以制定表彰机制或激励机制，以鼓励更多员工积极参与创新活动。

此外，企业可以设立创新奖项，通过提供奖金或晋升机会等方式进一步激发全员的创新热情，营造鼓励创新的文化氛围。通过以上措施，可以不断推动企业创新能力的提升和项目的成功实施。

（5）创新组织架构的建立与优化

创新组织架构的建立与优化是为了有效支持和推动创新工作的进行，通过创新组织架构的建立与优化，企业能够提升自身的创新能力和效能，充分发挥创新团队的协同作用，推动创新成果的成功实施，并建立积极的创新文化和激励机制，激发员工的创新热情和积极性，从而推动企业的可持续发展。

具体而言，创新组织体系建设包括以下关键要点：

- 建立创新领导机构和创新推进组织，明确创新工作的重要性和优先级，制定创新战略和政策，并提供必要的资源和支持。
- 建立创新评审组织，负责对创新项目进行评估和审查，确保项目的可行性和质量，并优化资源配置，降低创新风险。

- 设立创新活动小组作为创新工作的基本单元，通过跨部门、跨职能合作，推动创新项目的实施。
- 建立创新管理岗位责任制，明确各级管理人员在创新工作中的职责和义务，以保障创新工作的有效开展。
- 建立相应的激励机制，包括奖励制度、晋升机会等，以激发员工的创新动力和激情。
- 营造积极的创新企业文化，鼓励员工的创新意识和创新行为。

通过以上措施，可以帮助企业建立高效的创新组织体系，为创新工作提供支持和保障。这样的组织体系有助于激发企业创新活力，促进团队协作，提高企业的创新效率和成果质量。

(6) 创新项目资源支持

创新项目资源支持是指提供给创新项目的各种资源，这些资源可以包括人力资源、财务资金、技术设备、知识和信息以及合作伙伴等。

① 人力资源支持

为创新项目提供具备专业知识和技能的人才，包括项目经理、创新团队成员、专家顾问等。这些人力资源可以参与项目的策划、研发、实施和管理，为创新项目提供必要的技术和专业支持。

② 财务资金支持

创新项目往往需要资金投入，以用于产品研发、设备购置、市场推广等方面。通过提供财务资金支持，可以保证创新项目的顺利进行，并推动创新成果的转化和商业化应用。

③ 技术设备支持

创新项目常常需要使用先进的技术设备和工具，如实验室设备、原型制作设备等。提供适当的技术设备支持，有助于提高创新项目的效率和质量。

④ 知识和信息支持

为创新项目提供必要的专业知识和技术信息，包括市场调研报告、技术分析、前沿科研成果等。这些知识和信息的提供，可以帮助创新团队更好地把握市场需求和技术趋势，指引创新项目的方向。

⑤ 合作伙伴支持

与合作伙伴建立合作关系，可以共享资源和协同创新，同时合作伙伴还可以提供专业知识、技术经验、市场渠道等方面的支持，提高创新项目的实施能力和市场竞争力。

通过提供创新项目资源支持，可以帮助创新团队充分发挥创新潜力，推动创新成果的顺利实施和商业化应用。同时，也有助于提升创新项目的成功率和质量，促进企业的创新发展，提升企业的竞争优势。

1.2.5　文化创新：重塑组织文化建设

数字化时代为企业带来了难得的发展机遇，但也使得企业面临着一系列挑战，组织文化的重建便是其中之一。数字化组织文化主要指企业进行数字化转型过程中所弘扬的价值观、秉承的工作态度以及提倡的行为方式。对此，企业需要融合数字技术、数字思维与数字内容来构建新的组织文化。

目前，很多企业在数字化组织文化建设方面都存在问题。比如，一些企业高层不具备数字化视野与能力，很难激发企业的数字化基因；一些员工的数字化素养较弱，不能很好地完成数字化相关工作；一些企业原有的观念和行为方式根深蒂固，对企业的数字化转型造成很大阻碍。

数字化组织文化建设的重要措施主要分为长期行为与短期行为两种，如图1-9所示。

（1）长期行为

长期行为主要包含以下两种。

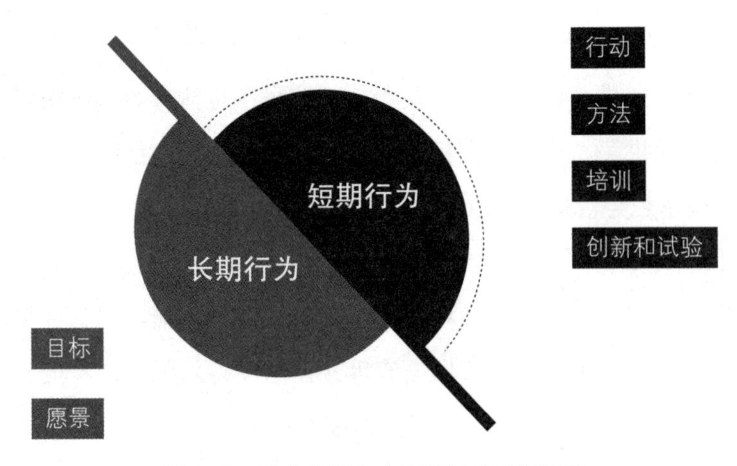

图 1-9　数字化组织文化建设的重要措施

① 目标

目标主要指在建设数字化组织文化过程中，借助数字工具与数字技术来完成组织内部的交流、协作与创新，最终达成生产力与生产效率的提升，增强组织中个体的参与感和满意度。数字化组织文化能够较好地应对市场环境的变化，同时可以更好地满足用户需求。

② 愿景

数字化组织文化的愿景主要指凭借数字技术来推进知识学习、知识共享与协作，需要为员工搭建灵活、开放与创新的工作平台，从而增强员工的创新力与创造力。它强调数据驱动决策、管理的自主性与透明性，并以可持续发展为目标。

（2）短期行为

短期行为主要包含以下四种。

① 行动

企业的业务不同，对应的数字化组织文化的行动也不同，行动需要与各阶段的业务相匹配，这样才能够优化工作效率。与数字化组织文化相关的行动需要依靠数据分析工具、自动化流程与移动应用等数字化工具和系统来促进工作高质量完成，还需借助社交媒体、团队协作平台等提高数字化协作能力、推广数字化文化意识，并以此增强企业跨部门、跨地域间的协作。

② 方法

在对企业数字化转型进行现状分析时，企业需要用到数字化组织分化的方法来评估其技术、数据以及人才等方面的数字化能力与资源，同时对其数字化转型工作进行具体规划。在使用该方法进行规划时，要按照组织的现状与目标制定系统升级、工作流程优化、数字化协作平台搭建等方面的具体计划。企业的数字化转型，需要耗费大量资源，所以应做好详细的预算与资源规划，以保证企业顺利完成数字化转型。

③ 培训

培训主要指为企业培养数据分析师、数字营销专员、移动应用开发人员等数字化人才。企业高层应该为下属创造良好的学习与培训机会，帮助员工可以快速、熟练使用数字化工具与技术，打造一支数字技能与数字能力兼备的人才队伍。在合适的时机为员工提供其所需的资源与支持，帮助他们快速适应数字化的工作环境。

与此同时，企业还应鼓励员工间的知识共享与合作，为其搭建一个开放、透明的沟通渠道，使其能够随时提出问题、分享意见以及展开讨论，加快企业的数字化转型进程。

④ 创新和试验

要想加快推进组织文化的重构，就要不断激发员工的创造力与创新力，鼓励其创新与试错，使其在不断地摸索中得到成长。除此之外，还要注重提高员工的数字化技能，丰富员工的数字化知识，并通过相关的培训计划与跨部门合作来强化这些能力。

企业会随着环境的改变而不断演变，数字化组织文化的建设就是这个演变过程中的一个环节，只不过这是一个漫长的过程，需要不断建设、优化与完善，这期间企业会遇到组织结构调整、观念更新、思维转变等多重困难与挑战，但只要克服这些阻碍，数字化转型的进程就会不断加快，企业组织文化也将得以重构。

1.3 案例实践：华为 DSTE 战略管理体系

1.3.1 华为 DSTE 战略管理体系概述

BLM（Business Leadership Model，业务领先模型）由 IBM 首先采用，是企业战略制定与执行连接的方法与平台。2009 年，华为将该模型用于企业战略规划，直至今天它仍然是华为重要的战略管理工具。BLM 既囊括战略制定，也涉及战略执行，其为企业的战略制定和执行提供了一个思维框架。BEM（Business Execution Model，业务执行力模型）的最早提出者为三星电子，2011 年华为将此模型引入自己的战略规划中，并经过创新形成华为的业务战略执行方法。

除 BLM、BEM 外，华为的战略管理核心工具还有很多。比如，通过吸收业内其他优秀企业的经验和方法，经过多年的实践和积累，华为构建起了 DSTE（Develop Strategy to Execute，战略开发到执行）战略管理体系，这一体系也是华为在长期的管理变革中取得的成果。DSTE 管理体系给出了战略管理的流程，打通了从战略制定到战略执行的各个环节，可用于协调公司各个业务单元和各个部门之间的关系，从全局出发加强公司管理。

DSTE 战略管理体系由战略规划、战略解码、战略执行与监控、战略评估四部分组成，每一部分包括多项具体内容，如图 1-10 所示。

DSTE 战略管理体系能够引导年度业务计划及预算同总体战略规划相适应，保障公司业务的健康稳定发展，推动总体战略与阶段性业务计划的“落地”。在企业的运营过程中，战略管理体系并非一成不变，而是需要结合外部环境变化和企业成长进行动态调整，使企业管理水平不断跃上新的台阶。

1.3.2 战略规划：制订中长期发展计划

每一家企业在成立时都会设定目标和使命，战略规划就是帮助企业实现目

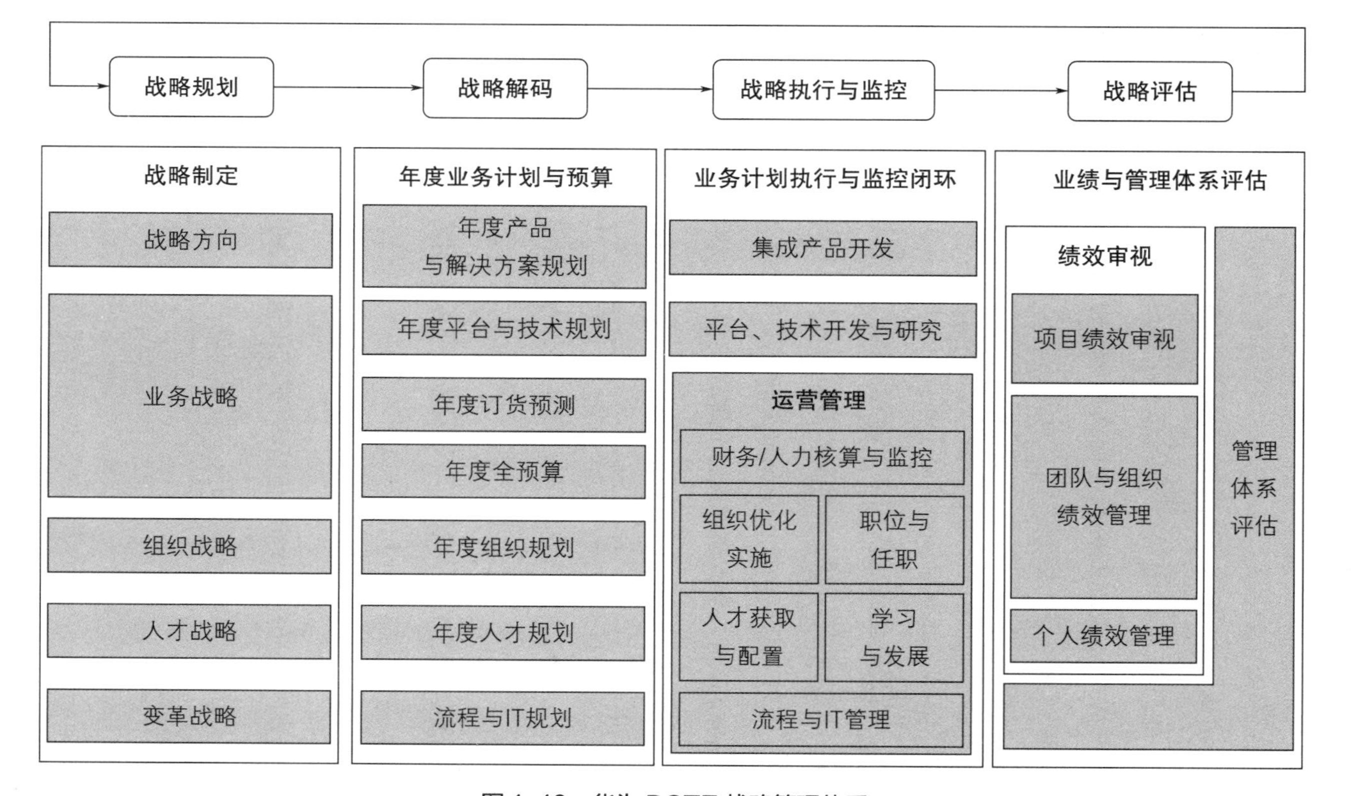

图1-10 华为DSTE战略管理体系

标和使命的工具。企业在进行战略规划时通常会审视当前的处境，对未来进行展望，进而根据市场形势和客户需求制订经营计划，并以高效的资源配置推动经营计划的实施。

华为启动新一轮战略规划的时间通常是在每年的4月份，因启动时间是春天，因此该战略规划简称SP，既指“Strategic Planning”，也指“Spring Planning”。每轮战略规划的持续时间大约为5个月，即到9月底完成。而且，华为的战略规划采用滚动规划方式，也就是说，其战略规划的周期可以基于需要进行调整，而非固定不变，滚动规划的方式使得华为能够及时根据内外部环境的变化调整战略方向和目标。在这个过程中，DSTE战略管理体系会建立一个完整的日程，清楚列明各项工作的节奏和流程，通过这种清晰的指引来提升工作效率。除战略规划和年度业务计划及预算外，DSTE战略管理体系还包括重点工作、述职、KPI（Key Performance Indicator，关键绩效指标）、PBC（Personal Business Commitment，个人绩效承诺）等。

前面已经提到过BLM模型，在战略规划的过程中，该模型将发挥方法论的作用。BLM模型主要关注三个问题：第一个问题是“在哪里”，即企业当前所处的位置；第二个问题是“去哪里”，即企业要走向何方，在未来要达成什么样的目标；第三个问题是“怎么去”，即企业达成目标要遵循什么样的路径和节奏。

BLM模型以双差分析为起点，双差即业绩差距和机会差距，而后从领导力和价值观出发进行战略设计和执行设计，最终导向市场结果，BLM模型的结构如图1-11所示。

BLM模型的意义在于为企业的战略制定和执行提供了一种系统性的思考方式。下面将分别介绍BLM模型的各个组成部分。

（1）双差分析

当现状与追求之间存在差距时，企业就会试图通过行动改变现状，而行动则需要战略来提供指导。可见，对于企业来说，差距是战略规划的源头，这也能够解释为什么业绩差距和机会差距的双差分析是BLM模型的第一个步骤。

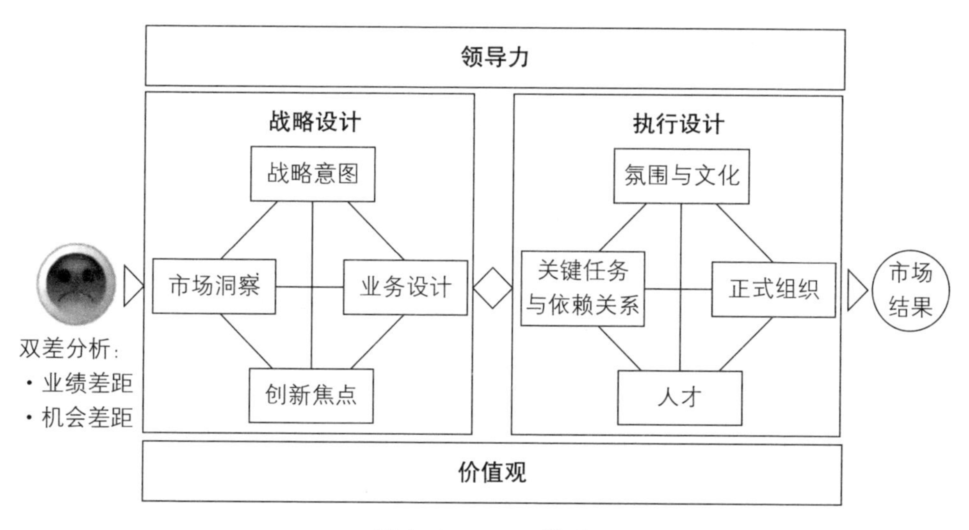

图 1-11　BLM 模型

① 业绩差距

当前经营结果与预期经营目标之间存在的差距即业绩差距，这一差距将以量化的方式表现出来。消除业绩差距的关键在于执行，也就是通过提升执行效率来实现，在这个过程中业务设计可以维持原样。

② 机会差距

如果企业采用新的业务设计，那么新设计所创造的经营结果将超过当前的经营结果，两者之间存在的这种差距即机会差距，同样用量化的方式呈现出来。与以往不同的战略规划和战略目标将伴随着新的机会，而要想把握住这样的机会，需对业务设计进行调整和更新。

（2）领导力与价值观

领导力是指企业领导者在指导工作和整合资源的过程中展现出的能力，在 BLM 模型中发挥根本性作用，引导战略的制定与执行。价值观是企业在实施各项行动时需恪守的准则，也是企业在作出选择和判断时需依据的标准，在 BLM 模型中发挥基础性作用，由企业的领导者确立，并获得全体企业成员的认可，能够反映企业的使命和追求。领导力和价值观在战略制定和执行中发挥关键作用，是战略管理的重要依托。

（3）战略意图

战略意图是企业对未来的设想和规划，体现为企业的使命、长期目标、短期目标等。企业需要在战略意图上达成共识，在如何实现战略意图上也要形成统一意见。在共同战略意图的引导下，企业的凝聚力将得到显著提升，成为一个团结稳定的集体。全体成员上下一心，通过高效的协作实现战略目标。

（4）市场洞察

在市场洞察方面，企业需要构建“五看三定”的框架。“五看”主要针对现在，通过对行业及其趋势、市场/客户、竞争、自己、机会等五个方面的观察洞悉当前形势；“三定”则是面向未来，确定企业未来的目标、策略和战略控制点。通过市场洞察，企业能够对当前的市场环境有一个较为全面的了解，识别存在于市场环境中的机会，并针对风险和威胁提前做好应对。在综合考虑市场状况和自身条件的基础上，企业得以发现适合自己的细分领域，实现自身的准确定位，进而提升企业的综合竞争力。

（5）创新焦点

企业应在充分认识市场环境和自身情况的基础上确立创新焦点，把握市场提供的机遇，发挥自身具备的优势，在合适的时机进入适合的领域，实现资源的高效整合。创新焦点为企业指出了业务运作模式和创新路径，在创新时，企业要注意突破现有的业务逻辑，将眼界提升到战略的层次上，通过创新确立更加精准的战略控制点，更有效地推动战略的执行。

（6）业务设计

大多数企业都拥有属于自己的战略机会点，这意味着潜在的发展空间，业务设计则负责将战略机会点落实和转化，形成具体的策略、商业模式等。

业务设计由六个模块组成，分别是客户选择、价值主张、价值获得/盈利模式、活动范围、战略控制点、风险管理等。客户选择要从市场状况、自身条件出发；价值主张为企业行动提供指导；盈利模式是企业商业模式的核心；活动范围决定了企业的规模；战略控制点是实现战略目标的关键；风险管理能够让企业更有效地抵御威胁。

（7）关键任务与依赖关系

关键任务指的是具备里程碑意义的任务，其要达成的目标有以下几项：

- 为业务设计提供支撑，完成价值定位。
- 为关键运作流程提供设计方案，并推动方案的实施。
- 将战略与战略执行联系起来，形成一个整体。
- 为战略执行模块提供基础。

企业可以与供应商、顾客、兴趣社区等建立依赖关系，这些合作伙伴可在关键任务的执行上为企业提供帮助，提高任务完成的效率。

（8）正式组织

针对关键任务设立正式组织，正式组织拥有完整的架构和明确的考核标准，组织成员各司其职、团结协作，共同促进关键任务的完成。另外，为了服务任务和业务需要，有时需要对组织进行调整，或者是另立新组织。就华为而言，公司每年都会专门举行会议来讨论正式组织的结构问题，关注未来业务走向可能对组织造成的影响。

（9）人才

企业战略的执行离不开人才的支持，人才的数量和质量很大程度上决定了企业的综合实力。从企业的角度来看，未来往往充满了挑战和不确定性，在这样的情况下，尤其需要人才发挥“压舱石”的作用，帮助企业在复杂环境中保持竞争力。为了更好地发挥人才的作用，企业要形成合理的人才规划，根据业务设计和关键任务的需求选择和指派人才，实现人才价值的最大化。企业应重视人才的可持续发展，通过培训等手段进一步提升人才的能力。另外，企业还需建立完善的人才激励机制，调动人才的主动性和创造性，使人才愿意长期为公司效力。

（10）氛围与文化

在一个组织中，氛围与文化的形成需要长时间的积累，其影响是潜移默化的。组织的文化由多种要素组成，包括价值观、思考方式、行为习惯等。企业文化形成后，将成为一种为企业全体成员所认可和遵守的准则，能够为企业成员的观念和行为提供指导，是企业软实力的重要体现。

1.3.3 战略解码：年度业务计划与预算

（1）战略解码的内涵

战略解码是战略规划和战略执行的中间环节，在二者之间起到衔接作用。前文曾提到过 BEM，该模型是战略解码的主要工具。BEM 从逻辑层面入手对战略规划进行解码，得到各层级、各部门及每个员工的具体工作和绩效指标，以及与这些工作相对应的管理方案。通过战略解码，企业的不同层级和不同部门之间建立起了有效的协作关系，为战略目标的最终实现提供了重要保障。

就华为而言，战略解码首先是战略规划向年度业务计划的转化，其将年度业务计划分解成部门计划，分配给公司的各个业务部门，最终经过层层分解，使每名员工都能得到自己的工作任务。战略解码将宏观的战略规划分解成对应每个部门和每一个员工的具体任务，这样做的意义在于明确职责和分工，使各个部门和每名员工都能够按照自己的职责范围做事，避免出现互相推脱、越组代庖等情况，从而有效提升工作效率。另外，职责的清晰也有利于考核工作的开展，使管理层得以更便捷地掌握各部门的工作状况。

战略解码在战略执行中发挥关键作用，战略最终能否得到有效执行，很大程度上取决于解码的质量。前文提到过华为每轮战略规划的完成时间通常是在每年 9 月底，年度业务计划与预算将紧跟在战略预算完成之后启动，启动时间为 10 月份，完成时间大约在次年的 3 月份。

（2）战略解码的原则

在进行战略解码时，需要遵循四项原则，即垂直一致性、水平一致性、均衡性和导向性、责任层层落实。

① 垂直一致性

垂直一致性是针对上级和下级而言的，即上下级之间要有共同的目标。按照垂直方向对目标进行分解，确定部门目标、岗位目标和个人目标，实现目标时要自下而上，直至达成最终的总目标。

② 水平一致性

水平一致性是针对处于相同层级的部门而言的。企业的价值链由多个环节组成，不同环节之间存在一定的联系，在进行战略解码时，要注意遵循企业的端到端流程，推进部门协作，实现部门间的责任一致。

③ 均衡性和导向性

每年企业会设定重点业务和重点管理方向，因此战略解码要在保持均衡性的同时具备一定的导向性，关注重点业务和重点能力，增加重点业务在考核中的权重，在重点能力的提升上投入更多资源。

④ 责任层层落实

对责任进行分解，明确每个部门应承担的责任，以此为依据开展绩效考核。

（3）战略解码到部门与个人

通过解码总体战略规划，企业完成了指标体系的创建，各个层级都有与其对应的指标体系。从总体战略出发，确定企业关键业务及相应的 KPI，此为企业级 KPI。随后，将企业级 KPI 逐级分解，得到部门级 KPI 和个人 KPI，根据 KPI 对部门和员工进行考核。

战略解码到部门和个人，有助于实现企业目标、部门目标及个人目标的统一，推动战略规划的执行。企业需专门开会讨论战略解码的问题，将总体战略分成多个关键任务，制订行动计划，并为各个任务和计划指派负责人。

对部门战略进行解码，要遵循以下步骤：

- Step 1：明确部门使命，描绘部门愿景，完成部门定位。
- Step 2：学习领会企业总体战略和上级部门的战略，形成总结汇报。

- Step 3：撰写述职报告及 PBC，明确部门的重点工作，确定部门 KPI。
- Step 4：围绕重点工作确定 WBS（Work Breakdown Structure，工作分解结构）计划。
- Step 5：确定部门指标的定义，并形成相应的报表。

通过对部门战略进行解码，确定本部门的重点工作以及常规的例行工作，这些工作还要继续分解，成为员工 PBC 的一部分。员工在本岗位的产出构成了其个人绩效，企业在考核员工的个人绩效时主要参考三个方面：部门目标、岗位职责和流程目标。管理员工个人绩效，要同时关注关键行为和关键结果，后者是前者的目的，前者是后者的实现方式。关键行为反映的是员工的能力，决定了员工能获得多少工作机会；关键结果反映的是员工的业绩，决定了员工最终能得到多少价值。

对公司目标进行解码可得到部门年度目标，员工将围绕部门年度目标制定自己的 PBC，PBC 由业务目标、管理目标、能力提升目标组成。

1.3.4 战略执行：业务计划执行与监控闭环

战略执行需要一支具备出色运营管理能力的团队作为保障，在战略执行过程中要将重点工作作为切入点，实时评估执行状况，如果当前进度与预期计划存在差距，则要通过深入分析找出原因，采取相应的改进措施，确保战略执行的正常推进。

下面将讲解战略执行中的几个关键要素，即运营团队与战略辅导以及“一报一会”。

（1）运营团队与战略辅导

战略执行的运营团队需要由两个团队组成：负责业务管理的 ST（Staff Team，经营管理团队）和负责行政管理的 AT（Administration Team，行政管理团队）。ST 的成员为各部门的一把手，其职责是处理与业务有关的活动和事项。

在ST内部进行选拔，选中者将组成AT，AT主要负责战略执行中的干部选拔、考核和奖励。

除了运营团队外，战略辅导也在战略执行中起到重要作用，主要用于评估战略的健康度。战略辅导需要用到一个经营仪表盘，以此来掌握战略的执行情况，包括战略规划和年度业务计划，并对战略执行实施闭环管理。闭环管理包括的环节如表1-2所示。

表1-2 闭环管理包括的环节

环节	要点
业务绩效方案设计	制定战略目标和KPI，围绕目标建立相应的奖惩机制，确定绩效的评估指标
监控与分析	对业务过程进行监控，当出现异常状况时分析造成问题的原因，及时解决问题，保证业务的正常执行
预测与预警	监测分析业务进展的实时状况，给出关于业务结果的预测，如果发现当前进展与目标之间存在差距，则对此发出预警，同时提供改进建议，实施改进行动
业务绩效改进	推行绩效改进计划，建立关于绩效的奖励和问责机制，督促员工完成目标

（2）“一报一会”

“一报”和“一会”分别指经营分析报告和经营分析会，“一报一会”旨在向企业管理者传授财务分析方法，使其得以透过财务指标审视企业业务状况，发现并解决现有业务中存在的问题，保障企业的正常运转。

经营分析报告由经营主报告和业务报告组成。经营主报告的定位是企业的主作战计划，扮演企业经营仪表盘的角色，每个经营单元都会有自己的经营主报告。经营主报告会审视当前进展与目标之间的差距，指出当前经营中存在的核心问题，并识别外部环境中的机会与风险。通常情况下，经营主报告的发布者为CFO（Chief Financial Officer，首席财务官）。

业务报告的定位是业务作战计划，对应具体的业务，旨在解决业务中存在的问题并完成年度目标。业务报告会给出关于全年的预测，指出与目标之间的差距并分析造成差距的原因，将可供利用的机会形成清单，进行资源配置并制订行动计划，列出待决策事项。通常情况下，业务报告的发布者为业务部门主管。

将总体战略规划进行解码，可以得到年度业务计划，而经营分析会是执行年度业务计划的关键。因此，企业需要定期召开经营分析会，总结当前的经营结果，确认实际结果与年度目标之间的差距，识别经营中存在的机会和风险，及时调整经营策略，制订合理的行动计划，实现资源的充分利用，从多方面发力完成年度经营目标。

1.3.5 战略评估：业绩与管理体系评估

企业的战略并不是固定的，而是需要进行动态调整，战略管理也需要持续地优化和改进。定期进行战略评估，观察市场环境和市场价值转移趋势，有助于找出战略管理中存在的问题并加以改进，不断强化战略管理能力。

在战略评估方面，华为以季度为周期召开战略复盘和纠偏审视会，在会议上全面审视企业战略，并结合外部环境、条件变化确认战略目标的合理性，找出战略存在的问题，针对问题确定改进措施；从战略执行的实际进展出发，确定接下来的重点工作和关键任务；总结战略执行过程中的经验，从不足之处吸取教训，优化公司流程，建立更加完善的激励机制。

战略评估和复盘是战略执行的关键环节，是保障战略执行效果的重要手段。将战略执行结果与战略目标进行对比，可以发现二者之间存在的差距，并识别出现问题的环节，确定导致差距的原因后采取相应的改进措施。战略评估的对象包括绩效和管理体系，以绩效为抓手能够调动部门和个人的工作积极性，并通过完善管理体系提升管理能力，为战略执行提供支撑。另外，通过战略评估和复盘，还能够总结出具有借鉴意义的方法和经验，为企业的后续发展提供助力。在战略管理方面，华为注重学习借鉴全球范围内的先进方法和经验，且能够做到为我所用，在长期的实践中推进管理改革，建立起适用于自身的管理体系，实现了管理能力的有效提升。

综上可以看出，华为的战略管理体系充分考虑了客户利益，旨在保障企业的良性发展，建立科学合理的组织结构，减轻对个别人物的依赖程度，增强企业的抗风险能力。企业的管理水平在很大程度上决定了企业的整体竞争力，基于战略管理方面的持续改革和不断进步，华为得以成长为全球领先的信息与通信技术（ICT）解决方案供应商。

第2章
战略定位

2.1　战略定位：决胜未来市场

2.1.1　组织战略与战略定位的关系

理解战略定位，应当从战略的概念入手。对于企业战略，不同的学者曾给出过不同的定义，其中加拿大著名管理学家亨利·明茨伯格（Henry Mintzberg）的定义是比较有代表性的。他认为，战略由计划（Plan）、计谋（Ploy）、模式（Pattern）、定位（Position）和观念（Perspective）五部分组成，因此这一定义也被称为“5P 理论”，如图 2-1 所示。

图 2-1　明茨伯格的“5P 理论”

- 计划：自主策划的、正式的、相对完整的行动流程，是行动的先导。
- 计谋：能够帮助企业在竞争中取胜的谋略和计策。
- 模式：企业已经做过的事和当前正在做的事。
- 定位：寻找对于企业发展有益的位置。
- 观念：企业管理者思考和感知世界的方式。

明茨伯格的“5P 理论”包含了对战略定位的定义，不过他只是说定位是寻找位置，并没有说出“位置”到底是什么。因此通过这个定义仍难以对战略定位有准确全面的认知。

对于企业来说，战略位于现实与未来的交汇点上。战略要求企业用未来的眼光看现在，现在的公司行动都要对企业未来有意义，能够对企业未来产生积极影响；同时，战略也要求企业用现在的眼光看未来，也就是要求企业当前做出的行动应当能够解决眼下存在的问题，从而给企业未来的发展打好基础。总结来说，战略需要在当前显现出效果，同时还要描绘出未来的图景。

而企业的现在和未来正是通过战略定位实现了交汇，形成了互相联通的关系，所以在进行战略定位时，企业要对当前所处的内外部环境有充分的理解和认识，从而突破现有环境的限制，寻找最有利的位置，以此确立竞争优势。同时，企业还要在着眼于未来的基础上确定经营模式，在未来的指引下对自身的位置进行调整，促进业绩的持续增长。

对以上论述进行归纳总结，可以得到战略定位的定义：战略定位是从企业的现在与未来出发，找到能够使企业受益的位置和业务方式。这个位置将对企业现在和未来的发展产生正面效果，帮助企业在竞争中取得优势，实现业务目标。

战略定位不只是找到一个位置，还要充分利用位置产生的势能。相较于静态的位置，动态的势能可以提供更多的能量和活力，借助势能创造的能量，企业能够强化自身能力，同时促进资源的整合和生态的构建。在进行战略定位时，企业要把目光放在整个产业链上，产业链的某些位置从一开始就具备更加充足的势能，能够在带动产业生态方面发挥更大的作用，对于这样的位置，企业要重点关注，并从中思考位置与战略优势之间的关系，为优势的建立指明方向。

2.1.2 企业战略定位的意义与价值

战略定位是企业发展过程中的“靶向标”，在企业战略体系中起到引领作用，为企业未来发展提供了蓝图，并深刻影响着企业的发展走向、要素配置、策略选择、客户心智、比较优势打造等多个方面，因此需要予以充分重视。

具体来说，企业战略定位的意义与价值主要包括以下几点，如图 2-2 所示。

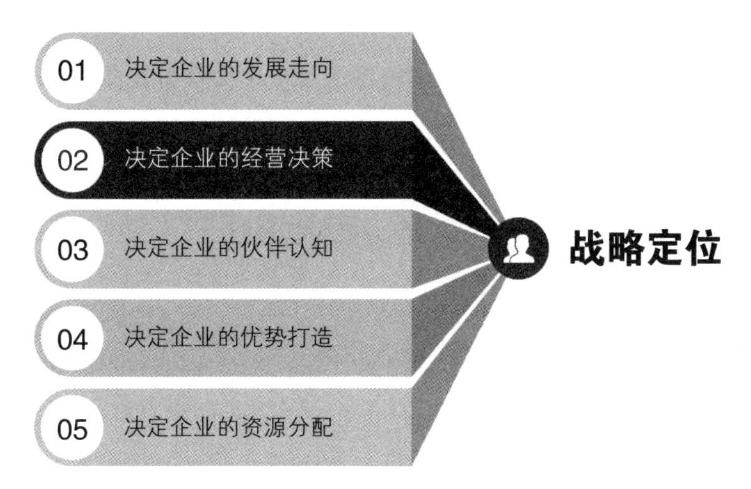

图 2-2　企业战略定位的意义与价值

（1）决定企业的发展走向

方向引领作用是战略定位最突出的作用之一，明确的战略定位能够帮助企业树立清晰的自我认知，同时贴合自身实际对赛道、用户、产品、服务、资源分配等多维度要素进行梳理，构建高效务实的发展体系，从而使企业在明确的目标指引下不断进行价值创造。

实践经验表明，没有明确方向的企业，其发展始终是松散的。很多企业最终走向失败就是因为缺乏清晰的方向指引，难以对已有的资源进行高效配置，无法形成有效拉动企业发展的合力；同时，发展方向的不明确也极易导致企业对市场形势的认识不清，从而使企业错过发展机遇；此外，发展方向的不坚定还有可能导致企业缺乏持续盈利能力，造成员工积极性与主动性的下降，同时失去客户及合作伙伴的信任，使企业陷入被动。

（2）决定企业的经营决策

没有明确的战略定位，还会使得企业的经营决策缺乏依据，导致产生大量无效决策，甚至造成决策之间的相互矛盾，在浪费资源的同时也会贻误发展时机。经营决策的制定既是进行企业整体资源集中分配的过程，同时也是帮助企业通过各种经济活动实现最终价值创造的先导。

经营决策的制定往往需要以企业的战略定位为统领，清晰、正确的战略定位能够确保企业所制定的经营决策始终围绕某个中心任务彼此配合，从而提升资源配置效率，帮助企业降本增效。而模糊、错误的战略定位则可能使得制定经营决策时因为缺乏统一的指导而出现彼此矛盾的情况，造成企业的资源浪费，拉低企业的价值创造能力，甚至造成企业的经营危机。

(3) 决定企业的伙伴认知

战略定位不仅是企业进行自我认知的“导航塔”，同时也是企业在产业体系以及产业链条中的重要标识，是与其他企业展开合作的“身份证”。只有具有明确的战略定位，才能吸引更多与企业发展需求契合的供应商和客户，让企业能够在所处的领域与产业环节中获得更多的利润。

同时，只有明确了企业的未来发展方向，才能让合作伙伴或客户更加深刻全面地了解企业情况，并提前通过合作布局进行风险规避。而如果企业的战略定位不清晰，则难以从专业性与发展持续性方面给合作伙伴和客户安全感，这就无形中拉高了企业的合作风险评级，使得企业经营活动受限。

(4) 决定企业的优势打造

比较优势是企业在激烈的市场竞争中得以存活的凭仗，而比较优势的打造又与企业在产业链条中所处的环节、所选择的商业模式、所选取的市场定位息息相关。只有明确了自身的战略定位，才能更好地综合各种因素打造自己独有的竞争优势，从而为企业的发展打造动力引擎，让企业具备可持续发展、长期获利的能力。如果不能以战略定位为核心打造竞争优势，企业就难以在日益繁杂的市场环境中抵御冲击和风险，也就难以走向成功。

(5) 决定企业的资源分配

企业经营活动的本质就是利用好现有的资源，通过一系列的生产活动与经济操作实现更大的利益创造。因而投入产出比是企业在经营过程中所要关注的重要指标，其所衡量的是企业对已有资源的利用情况。

不论是大型企业还是中小型企业，其资金、人才、土地、合作客户等资源都是有限的，无法支撑企业“撒芝麻”式的毫无规划的布局。只有找准企业的战略定位，确定企业的核心业务，才能更好地构建价值格局，针对产品研发、产品生产、产品销售、原材料供应等环节进行有限资源的合理配置，从而确定企业的主导业务、主力业务和边缘业务。

比如，材料驱动型企业应在供应商寻找与供应链完善上投入更多的资源；技术驱动型企业应在上游科技创新环节加大投入；营销驱动型企业则应将营销人员能力提升和企业营销体系构建作为核心着力点。企业的战略定位也就决定了企业资源的重点投入方向以及各类要素在企业内部业务环节中的组合模式。

2.1.3　企业单一业务的战略定位

在初步了解了战略定位的内涵与作用，即知晓其“是什么”之后，紧接着需要探讨的内容则是怎样进行战略定位，即明确其“怎么做”，具体包括战略定位的切入角度等，这也是在进行有关战略定位问题的探讨时所要聚焦的核心内容。

有的企业管理者容易将企业战略定位与企业业务定位混为一谈。实际上，除了在极为特殊的情况下，如企业业务模块较为单一时，能够将这两个概念进行对等，在大多数情况下，企业业务定位与企业战略定位是处于不同的企业规划层上的，前者更偏向于在微观层面对某一业务模块的运作管理进行指导，后者则更侧重于在宏观层面规划公司整体业务。

以具有多个业务模块的集团公司为例，在进行企业战略定位时，既要考虑大的业务领域之间的配合，还要结合市场情况考虑与其他企业的合作，在对外部环境进行考量时也往往着眼于大的市场环境或整个产业链条，以此确定企业的发展层级与环节定位。而企业的业务定位则更多地考虑业务模块之间、业务范围内各个岗位和人员之间的相互配合，对环境的考虑也更多地聚焦于公司内部协作环境，以此更好地展现自身的业务价值。

下面首先来分析企业单一业务的战略定位问题。在进行单一业务战略定位的思考时，企业通常可以从以下三个角度进行切入，如图 2-3 所示。

图 2-3 企业单一业务战略定位的切入角度

（1）目标客户定位

所谓“目标客户定位”，就是企业的产品和服务所触达的对象，即企业决定针对哪一人群的需求提供产品与服务。

客户细分与客户群确定是业务层面战略定位制定的前提和基础，只有确定了服务人群，才能更好地提炼用户需求，为企业的生产和服务计划制订提供指引。在确定目标客户群之后，还应进一步考虑两个问题：

- 其一，如何根据客户群体的共性与差异性进一步对人群进行细分和归类，以实现服务与产品的差异化；
- 其二，如何根据客户的消费能力进行层级划分，通过提供不同优先级的服务以建立企业的价值矩阵。

只有明确了这些问题，企业才能够在市场的主导下，更好地以用户为核心，以需求为导向，为客户提供合适的产品与服务。

（2）产品和服务定位

产品和服务定位，就是指企业为目标客户群提供何种产品与服务。这一问题主要探讨了企业所创造的价值要以何种形式的产品与服务呈现。

简而言之，就是针对预期消费者，确定何种品牌与产品形象能够在消费者头脑中获得更大的认知优势与喜爱度，即占据用户心智的问题，其核心逻辑在于怎样将企业所创造的价值以产品和服务的形式提供给客户，满足客户怎样的需求。企业所提供的价值在客户端的最终实现情况则以客户心智占领情况呈现，而产品与服务营销是实现用户心智占领的重要途径。

（3）商业模式定位

商业模式定位，就是指企业针对目标客户群的需求所提供的产品和服务，以怎样的方式触达目标客户群。该问题主要探讨的是企业对产品的创设和交付问题，涉及的是业务推进过程中的产品研发、产品生产以及产品销售环节。

从商业模式定位角度切入企业单一业务的战略定位问题时，可以看出企业业务定位与企业战略定位存在共性，即都要综合内部价值链环节的特点和要素的配置差异进行考虑，这直接决定了企业价值提供方式的选择，而企业的价值提供方式又与产品和服务共同构成了企业核心竞争力的重要部分，决定着企业后续的经营发展。

2.1.4　企业多元业务的战略定位

针对拥有多个业务模块的企业，则需要从互补效应和组合效应发挥的角度，分别明确每项业务的战略定位，依据企业产业发展实际与市场需求明确核心产业、发展产业、机会产业并对其进行布局。

a. 对于已经走向成熟、对企业发展具有主要拉动作用的核心产业，由于其具有高利润空间、高业务活跃度、高增长速度，因此应布局在企业的业务中心，对其进行较高比例的资源输送。

b. 对于初步完成商业模式探索、具有较大价值增长空间和扩张潜力的发展产业，在对其进行资源扶持的基础上重点关注其利润营收与市场增长数据，以确定其能否成长为核心业务。

c. 对于尚处于市场化初级阶段，具有较大不确定性的机会产业，由于其主要是公司为进行下一步扩张所进行的试水性业务，因此仅需适当给予资源支撑其正常推进即可，同时重点关注其是否有突破性成果产出。

只有厘清这三种业务的战略定位，才能够更好地通过资源合理配置与业务整体统筹形成强大的资源合力与业务合力，推动公司的平稳发展。

2.2 企业战略定位的 4 个层面

对公司层面战略定位和业务层面战略定位进行比较，可以发现二者在目标客户确定、价值提供方式选择、业务模式构建等方面存在较大共性；但同时，二者在切入角度的层级上也存在较大差异，公司层面的战略定位往往要站在更高的视角对公司的发展进行全局统筹，其在制定具体内容时往往要上升到产业链条与产业体系的层面。随着当前经济发展新格局构建进程的不断推进，经济发展的系统性与协同性成为发展的关键，所以更需要企业结合产业生态进行战略定位的确定。

公司在制定战略定位策略时，往往要从产业定位、商业定位、市场定位和区域定位四个层面进行思考，如图 2-4 所示。

图 2-4　企业制定战略定位的四个层面

2.2.1　产业定位：明确企业发展边界

在确定产业定位时，企业需要综合外部环境与内部资源两方面进行考虑。一方面要顺应产业发展趋势，把握市场机遇，锚定行业热点；另一方面要对自身资源禀赋与经营能力进行客观的评估，在风险承受范围内完成产业赛道的最终选择，明晰企业的发展边界。

同时，在确定产业赛道后，企业还需要将产业定位进一步细化到具体的价值链环节。一条产业链往往分为上游、中游、下游三个部分，每个部分又包含着多个价值链环节，而不同的价值链环节之间的组合又能够形成不同的产业模式，对应着不同比较优势的打造。企业应结合市场环境与自身资源禀赋，确定是选择做短链价值，通过占领价值链条的高利润区来形成灵活度较高的产业布局，形成比较优势；还是选择做长链价值，通过体系化的产业布局将外部价值转化为内部价值，以此来提升自身在市场中的话语权，提升综合竞争力。

以芯片行业为例，台积电以通用化芯片制造工厂作为自身定位，深耕芯片制造环节，形成垂直分工的运营模式，在与全产业链条上各个企业的互动中逐渐积累技术优势，实现了规模扩张，通过对芯片制造环节的高份额占有而成为芯片行业中利润最高、竞争力最强的头部企业之一。

而同处于芯片行业的英特尔则通过选择长链价值来形成自己独特的价值优势。英特尔的业务覆盖了产品的研发设计、生产制造、销售服务等多个环节，通过产业的纵向布局更好地实现了产业上、中、下游各个环节的高效协同，从而通过技术专利保证产品的性能优势、通过高附加值收获溢价利润，与微软一起定义了电脑时代的电子信息产业发展。

企业选择的价值链环节不同，企业的产业定位也会有所差别，具体还是要看企业所处的行业以及自身所拥有的资源等与哪一种选择匹配度更高。

2.2.2　商业定位：聚焦企业客户价值

在确定企业的战略定位时，还应充分考虑企业的商业模式或者商业形态，这将直接影响企业后续的商业活动运作模式。商业模式的确定需要以用户需求为导向，聚焦于企业所能够提供的价值。这就需要企业在充分了解用户需求的基础上，结合自身所具有的资源选取利润空间最大的需求予以满足，同时还要确定一种方式，以此来实现产品与服务对用户的触达，即为客户提供独有的价值。

而企业所提供的价值往往又统领着企业的资源配置方式，决定着企业的内部价值环节组合，主要体现为企业价值提供方式的不同，这种价值提供方式也可理解为商业模式。

以教育需求为例，同样是满足人们的英语学习需求，不同的企业基于商业定位的不同会提供不同的服务（价值），有的企业提供面向托福和雅思考试的培训服务，而有的企业则专注于英语实用能力的培训，这就是企业所提供的价值的差异。

而同样是提供有关托福雅思考试的培训服务，有的企业采取一对一私教课的方式提供定制化的教学方案，而有的企业则采取大班教学的方式进行标准化教学，这就是企业在价值提供方式上的不同，也是企业的商业模式差异。

商业模式奠定了企业产品生产、产品营销、产品销售等商业活动的基调，并在各种商业活动的施行中不断进行调整，最终固化成为对区域商业结构具有一定影响力的商业业态，即通俗意义上的生产商、制造商、运营商、服务商等概念。此外，企业的商业模式始终处于一种动态变化中，会随着外部环境的变化和内部决策的调整不断进行完善升级。

以立讯科技为例，最早该企业以零配件提供作为商业定位，围绕这一核心进行相应价值的提供。随着手机市场生产环节与技术研发环节的剥离，贴牌生产成为市场的主流趋势，因而该企业也由最初的零配件生产商演变为组装厂商和代工厂商。

企业是市场的主体，其存在和发展均与市场紧密相关。因此，企业的商业模式也需要顺应市场的发展趋势而不断更新完善，以满足市场需求，不断树立企业比较优势。

2.2.3　市场定位：精准锁定行业赛道

确定企业战略定位，还需要考虑企业在行业赛道内所处的层级和地位。为此，企业可以以过去已经形成的商业基础以及未来所要达到的商业目标作为考虑依据，思考自身在行业赛道中的位置。企业所处的行业层级与所要达到的行业地位不同，对资源能力的要求以及所形成的影响力也有差别，同时企业的行业地位还决定着竞争策略的制定。

一般来说，企业的市场地位主要通过市场份额进行衡量，但对于一些较为特殊的行业，则要对企业利润额、市场占有率、扩张潜力、品牌口碑以及可持续发展能力等进行综合考量。企业的行业地位越高，其主动性就越强，对整个行业的影响力就越大。

以手机行业为例，苹果手机并不是市场占有率最高的品牌，然而其技术创新所形成的市场引领力、良好的用户体验所带来的高销售额、生态系统建设所打造的品牌影响力共同推动了其成为行业龙头，使其主导着行业的发展方向并直接影响行业内产品定价。

因此，对企业而言，要结合发展现状以及发展目标、转型需求等因素确定公司未来要进入的市场层级，明确公司在市场引领力培育、品牌影响力打造、销售额提升等方面的发展方向与具体目标，并围绕方向和目标进行企业全盘部署，从而打造相应的竞争优势，为企业市场地位的提升提供支撑。

2.2.4　区域定位：锚定企业市场布局

企业的区域定位也是战略定位中的一个重要部分，决定着与企业开展业务相关的空间广阔度以及空间内所对应的资源禀赋、市场条件、政策支持等。按照由小到大的顺序对业务比重进行划分，可分为区域、全国、国际和全球四个方面。其中：

- 区域指企业业务主要集中于国内某区域进行发展。
- 全国代表企业业务面向全国市场。
- 国际指企业业务范围不仅仅局限于国内，还延伸至国际市场。
- 全球指在企业所有业务中，国际业务的占比达到50%以上。

区域定位的差异不仅决定着企业所具有的市场空间及可利用的资源条件，同时也决定着企业的形态、类型以及业务开展逻辑等。

以京东方为例，其企业介绍为“一家领先的物联网创新企业，为信息交互和人类健康提供智慧端口产品和专业服务，形成了以半导体显示为核心，物联网创新、传感器及解决方案、MLED、智慧医工融合发展的‘1+4+*N*+生态链’业务架构”。而与其定位相符，京东方的子公司遍布美国、加拿大、德国、英国、法国等20个国家和地区，服务体系覆盖欧、美、亚、非等全球主要地区。

企业层面的战略定位为企业提供了自身发展在产业赛道、商业模式、市场层级、区域辐射范围等维度的定位模型。然而，值得注意的是，这一模型仅仅是为企业的战略定位思考提供一种可能的样本，在实际的战略定位设计过程中，有时仅需参考模型中的部分维度即可，具体仍需以企业的发展情况与行业实际为核心进行灵活设计。

2.3 企业战略定位的分析框架

2.3.1 宏观环境分析

一些常用的战略分析工具同样能够在战略定位中得到应用，通过这些工具和方法，能够将战略定位的相关内容提炼、细化为一个个具体的问题，然后通过对这些问题的解答，进一步提升战略定位制定的颗粒度，为企业发展提供更加科学、全面、完善的指导。

环境是企业赖以存续的基础，企业战略定位的制定应是在对企业内外部环境进行全面分析的前提下进行的。外部环境分析主要包括对宏观环境（人口变化、通货膨胀情况）、行业环境（行业热点趋势、行业产业布局、行业基础设施、政策法规）以及企业环境的分析（企业所在地区的市场情况、资源情况）。通过对外部环境的分析，企业能够更好地了解当前经济发展趋势，明确行业热点，从而对外部资源进行更高效的利用，并及时规避风险。而战略分析的核心就是立足于宏观层面，站在行业生态的角度对行业的宏观环境进行分析、对行业态势进行把握、对行业内部条件进行评估，定位企业在行业生态中所处的层级，全面审视企业的生存空间，明确企业发展的方向选择，找准企业生存的发力点和突破口。

在对宏观环境进行分析时，企业可以借助 PEST 分析模型，通过对构成社会发展框架的政治、社会、法律、经济等多个维度进行分析来准确把握社会发展的大方向，从而使企业的发展方向与社会的整体走势一致。比如，当通货膨胀率上升时，经济需求与供求模式会发生改变，进而对金融行业造成影响，而日常消费品等领域也会受到不同程度的冲击。

企业的发展规模越大、涉及业务越多，对社会生活各个领域的触达程度就会越深，宏观环境的变化对企业发展的影响也就越大。因此，企业在进行战略定位分析时，需要尽可能地对宏观环境进行全面深入的分析，尤其需要针对一些基础性条件进行预判性和前瞻性分析，只有在充分把握宏观环境发展趋势的前提下，企业才能够更好地提前进行布局，及时避开各类风险因素，避免企业遭受损失。

此外，在利用 PEST 分析模型进行企业战略定位分析时，还应对技术和社会两个维度的变化予以重点关注，因为技术的突破性发展会带来相关行业的生产力跃升，而社会维度中的人口变化则将直接决定消费市场的变化，这二者所导致的市场需求转变恰恰是企业长期发展的推力与拉力。

2.3.2 行业环境分析

除了从社会整体发展的角度对政治、经济、社会等维度的变化进行把握，企业在进行外部环境分析时还要对自身所处的行业环境进行整体分析。不同行业在产业链布局、协作与竞争模式等方面存在天然差异，而这些差异又将直接影响企业在行业价值链中的位置、经济活动的参与模式以及对资源的配置情况，因此企业需要将行业整体情况通过维度划分方式进行细化分析，从而更好地帮助企业开拓业务生长空间，提升企业的抗风险能力。

企业在行业环境分析时通常需要运用五力模型和行业生命周期工具，了解行业规则与行业市场空间，从而更好地辨别行业优势产业链，帮助企业做好市场定位，打造比较优势。

一般来说，行业环境分析重点关注的维度包括行业规模、市场主体、行业集中度、技术趋势、政策法规等，通过对这些维度的深入分析能够帮助企业构建出行业发展模型，以实现企业对行业生态的精准认知，从而更好地选取符合行业特点的商业模式与协作模式，针对行业竞争特点进行比较优势打造。除了从整体上对行业的“骨肉”进行分析，企业还要对贯穿其中的“血管”价值链进行把握。如了解企业在产业上、中、下游的价值转移及增值情况，价值链条上各环节的协同情况，相关基础设施的建设情况以及企业在价值链条上所获得的利润是否合理等。

此外，企业还需重点关注价值链条上各环节的未来发展趋势，及时预判环节之间的整合与解耦，从而帮助企业选择更合适的合作伙伴。通过对行业的演进路线进行前瞻性预判，深度洞察推动行业发展变化的各种因素，及时对企业的客户群、商业模式、区域定位等进行调整，让企业的战略定位更符合行业发展需要。

不过需要注意的是，对于外部环境的分析必须结合企业内部环境分析综合考虑，以确保战略定位具有可行性，与企业的资源禀赋与能力情况相适配。

以华为公司为例，作为全球领先的信息与通信技术（ICT）解决方案供应

商，数据、技术与创新是影响其发展的关键要素，因此华为公司使用情报竞争力分析、技术路线图、专利地图等前沿工具对整个通信行业的市场竞争格局、技术发展趋势、高利润价值环节等进行分析，并以之为参考调整公司经营策略与资源分配，从而提升全要素生产率，拓展企业的利润空间并提升企业的抗风险能力。

2.3.3　企业环境分析

对于企业内部环境的分析，主要围绕资源禀赋与资源的运用、整合与转换能力展开，分析的重点是发现企业的优势与短板。对企业的优势和短板进行分析，一方面可以扬长补短，持续强化已有优势，同时对企业存在的薄弱环节进行针对性提升；另一方面能够及时对企业发展计划进行调整，对于短时间内难以有效改善的短板，可以尽量通过内部资源整合与部门协同进行弥补，减少其对企业发展的限制。

企业环境分析主要通过价值链分析、资源与能力分析等方法，深入洞察企业当前的架构方式、商业模式、价值创造链路，从而综合评估企业在投入产出比、差异化与多元化、资源整合等方面的优势与弱势，为后续的战略选择提供参考。

（1）企业战略创新分析

无论是对企业内外部环境的分析还是对竞争对手的分析，都属于对客观要素进行分析，而一个企业若想始终保持竞争优势，还需要充分发挥企业的主观能动性，即创新。只有开创了新的商业模式，才能够实现新的价值创造，实现企业增长方式的转型升级。而商业模式的创新需要以企业战略定位的创新为先导，这主要通过对企业内部各项价值要素与价值链进行重新整合与配置来实现。

以微信平台的发展为例，在微信平台完成初期的市场化之后，其后续发展面临两个选择：一是继续作为线上沟通工具发展，成为 QQ 的升级版；二是开辟一条新的发展路径，为用户提供全新的价值，实现人人、人物连接。最终，在战略定位的选择上，腾讯选择了后者，实现了商业模式的创新，也使得微信成为国内社交媒体的绝对主导，并发展成为一个综合性的服务平台，满足了用户生活、工作、学习等多个方面的需求。

因此，企业在进行战略定位的制定时，还要充分注意创新理念的融入，如熵增原理、管理机制、比较优势论、边缘突破等，通过运用这些理念，能够更好地帮助企业掌握业务开展的底层逻辑，从而提升其对资源的整合与运用能力，最终实现商业模式创新。

(2) 企业发展规律分析

企业在进行战略定位分析时，还应充分顺应市场、产业等的发展规律，即对标企业的成长轨迹确定企业的战略定位，一般企业的演进过程包含专业化、方案化、平台化、生态化四个阶段，如图 2-5 所示。

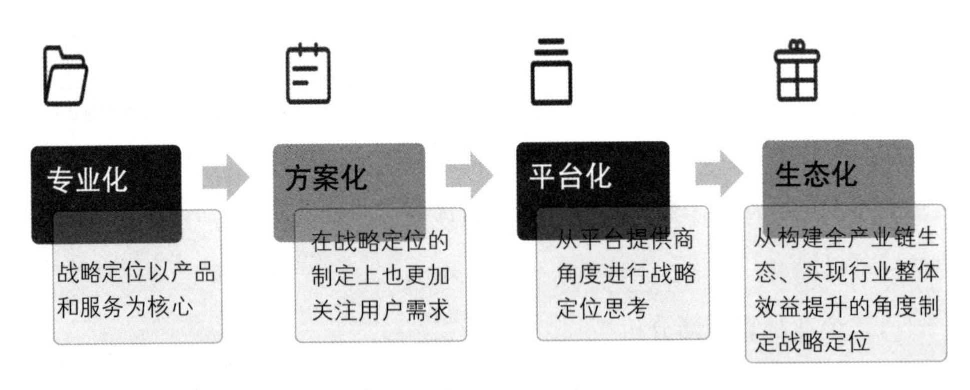

图 2-5　企业的演进过程

① 专业化

在企业发展初期，往往聚焦于产品和服务，使用较低的成本实现高质量的产品和服务供给，此时的企业战略定位也往往以此为核心。

② 方案化

随着用户的不断积累，企业完成市场化后开始进入产业链的各个环节，此时市场的发展发生变化，由以产品为中心转向以用户需求为核心，而企业在战略定位的制定上也更加关注用户需求，以整体解决方案的提供为目标，将自身角色定位成方案提供商。

③ 平台化

随着企业发展进入平台化阶段，客户规模不断扩大，资源运用过程中会出现额外增值，此时企业应从平台提供商角度进行战略定位思考。

④ 生态化

当进入生态化阶段时，企业已在行业中具有较大的影响力与话语权，此时则应从构建全产业链生态、实现行业整体效益提升的角度制定战略定位。

2.3.4 利益相关者分析

利益相关者分析可以为企业识别和评估影响其运营和决策的各个相关者提供支持，是企业战略管理过程中一项不可或缺的内容。从本质上来看，企业可以通过利益相关者分析来了解各利益相关方，分析这些相关方带来的影响，明确其对企业经营发展的期望，以便进一步认清当前所处环境，获取决策依据，优化合作关系，打造更加有效的沟通渠道。

对企业来说，利益相关者通常包括股东、客户、员工、供应商、政府机构、社会组织等，这些利益相关者大多对企业抱有不同的期望，同时也有各自的需求，因此，为了保证企业长期稳定发展，企业的管理者需要综合考虑各方需求，平衡好各个相关方的利益。利益相关者分析能够对利益相关群体（客户、供应商、合作商等）进行精准定位，理清各个主体之间的关系，形成利益相关群体网络，预判其对企业发展可能造成的影响，以便及时进行利益相关者布局。

（1）利益相关者分析的方法和实施过程

利益相关者分析需要基于一定的方法，其基本实施过程如图2-6所示。

① 识别利益相关者

企业可采用内部和外部调研、参考当前已有的利益相关者模型等方法，找出影响自身运营和决策的全部利益相关者。

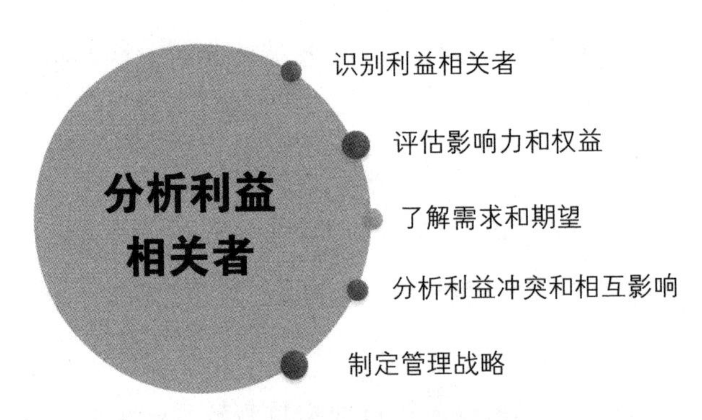

图 2-6 利益相关者分析的基本实施过程

② 评估影响力和权益

企业可采用访谈、问卷调查、数据分析等定性和定量的方法，评估各个利益相关者对自身利益的影响。

③ 了解需求和期望

企业应充分发挥社交媒体、客户调研、面对面会议等渠道的作用，加强与各个利益相关者之间的沟通交流，并在沟通交流的过程中获取这些利益相关者的需求和期望信息。

④ 分析利益冲突和相互影响

企业需要明确各个利益相关者之间的利害关系和彼此影响，并对各方之间的关系进行分析，根据分析结果和实际情况制定能够有效平衡各方利益的解决方案。

⑤ 制定管理战略

企业应从利益相关者分析的结果出发，确定与各个利益相关者之间的沟通方式和合作方式，确立用于平衡各方利益的决策标准，加强对关键利益相关者的培养和管理，并在此基础上制定包含各项相关内容的管理战略。

(2) 有效管理利益相关者的需求和期望

① 建立沟通渠道

企业应建立能够有效支撑内外部沟通的渠道，通过召开会议、发布报告、建立社交媒体平台等方式加强与各个利益相关者的沟通。

② 重视利益平衡

企业应始终遵循公平公正的决策原则，确保所作出的决策符合各个利益相关者的期望，能够利用有限的资源在最大限度上兼顾各方需求，充分平衡好各个利益相关者的利益。

③ 承担社会责任

企业应加强对社会及环境问题的关注，制定并落实相关解决办法，积极承担企业社会责任，提升各个利益相关者对自身的信任度。

④ 识别和管理冲突

企业应充分了解并把握各个利益相关者之间存在的矛盾冲突，灵活运用调解、制定和落实冲突解决策略以及寻求第三方协助等方法，在最大限度上化解矛盾冲突，维持各个利益相关方之间关系的稳定性。

企业的管理者必须充分认识到利益相关者分析的重要性，并将其作为企业管理的重要组成部分，同时也要确保利益相关者分析的科学性、合理性、全面性和有效性，以便借助利益相关者分析厘清重大利益相关者对于企业战略定位的影响。

第3章

战略分析

3.1 五力分析模型及应用

3.1.1 五力分析模型的概念

1979年，哈佛商学院教授迈克尔·波特（Michael Porter）在《竞争力如何塑造战略》（*How Competitive Forces Shape Strategy*）一文中用一种新的视角对战略管理进行了解读，通过将产业组织理论与战略管理研究相结合，掀起了一场战略管理研究领域的革命。1980年，波特出版了《竞争战略》（*Competitive Strategy*）一书，在书中将行业结构分析、竞争者分析、行业演化分析三个分析区域进行了整合，得到了新的分析竞争行业模型，即著名的波特五力分析模型。

波特五力分析模型针对行业基本竞争态势作了全面分析，提出竞争的来源有五个：供应商的议价能力、购买者的议价能力、潜在进入者的威胁、替代品的威胁、现有竞争者的威胁，如图3-1所示。对五种力量作出评估，确认每种力量的大小，是制定有效竞争策略的前提。此外，对于不同的行业和公司而言，每种力量的特性和重要性是不尽相同的。

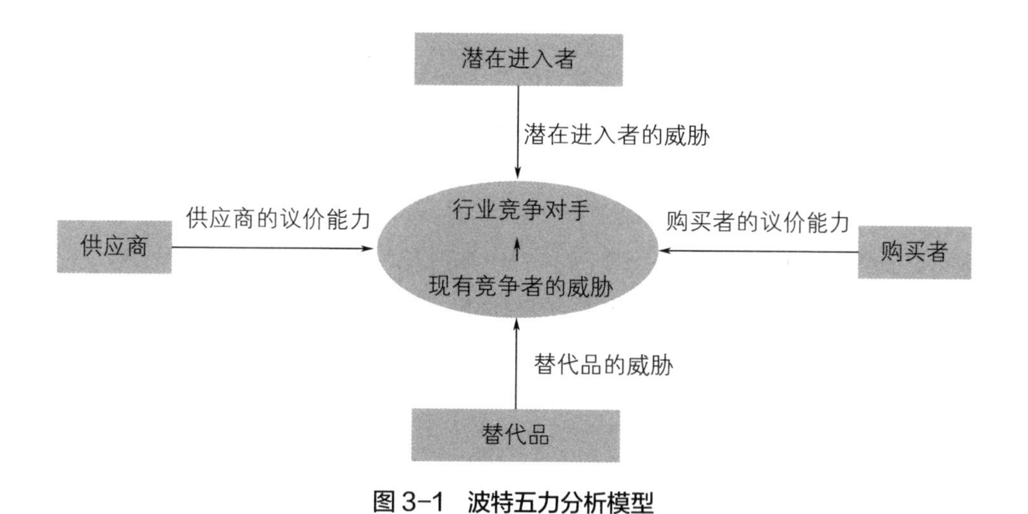

图3-1 波特五力分析模型

波特五力分析模型从产业组织经济学的层面出发，推导出了五种力量，认为它们是竞争强度的重要决定因素，并且能够创造出市场吸引力。这五力也可以被视作是一种环境，波特将其称作“微环境”，有别于一般性的宏观环境。这五种力量体现的是公司的一种能力，这种能力能够对公司的服务产生影响，使公司在服务客户的过程中获利。无论公司想改变五种力量中的哪一种，都需重新评估自身的市场位置。

五力分析模型对企业竞争优势进行了一番解读，认为企业竞争优势一方面取决于企业所处的行业，包括行业的吸引力和盈利能力；另一方面取决于企业自身，具体来说是指企业在行业内所处的竞争地位。因此，企业在实施战略管理时，首先需对供应商、购买者、行业竞争对手、替代品、潜在进入者五种因素作出全面分析，以此评估行业的盈利能力，帮助企业从众多行业中选择能够创造更多利润的行业。确定行业后，企业需要将自身力量与这五种力量进行对比，参照对比结果选择自己所要采取的基本竞争战略，比如低成本战略、差异化战略、集中化战略等。

波特五力分析模型拥有全球性的影响力，为企业战略制定提供了重要参考，可用于客户竞争环境分析以及企业外部分析等，是一项有效的工具。波特五力分析模型的应用范围自诞生起就不断得到扩展，从最初的制造业到金融服务业及高新技术产业，再到后来几乎全部的行业都在使用这一模型。波特五力分析模型在企业管理咨询领域也受到认可和重视，在领域内发挥了基本分析工具的作用。

借助波特五力分析模型，企业管理者能够对机遇和威胁有更深刻的认识。该模型不局限于对这五个方面进行简单描述，还试图阐明它们对企业产生的影响，这种影响体现在成本、收益结构、以谈判地位为典型代表的市场地位等多个方面。此外，该模型还可针对外部挑战为企业提供解决对策。

下面具体分析波特五力分析模型这五个方面的内容，首先是供应商的议价能力。

3.1.2　供应商的议价能力

供应商的议价能力受到多种因素的影响，当供应商满足以下条件时，就意味着其具备了较强的议价能力：

- 当供应商调整投入要素价格或是单位价值质量时，购买方企业的盈利能力和产品竞争力就会受到较大影响。
- 购买方从供应商处购买的投入要素在其总成本中占比较大，在生产过程中能够发挥关键作用，会在很大程度上影响产品质量。
- 供应商掌握其所在行业的控制权，市场地位稳固，不会在激烈的市场竞争中疲于应付，其产品拥有大量买主，不必依赖少数重要客户。
- 在供应商所在行业中，各企业的产品并不同质化，而是各有特色，因此购买方很难找到替代品，无法轻易更换供应商。
- 供应商可较为容易地做到上游到下游的前向一体化，而购买方很难做到下游到上游的后向一体化。

从以上情形中可以总结出，供应商的议价能力由以下因素所决定：

- 行业集中化程度。
- 产品标准化程度。
- 产品价值在购买者总成本中所占比例。
- 产品在购买者生产流程中的作用和地位。
- 购买者是否可以做到以相等或更低的成本生产出相同的产品。
- 产品对购买者产品质量的影响。
- 购买者更换供应商所需的成本。
- 前向一体化的实现难度。

3.1.3 购买者的议价能力

从购买者的议价能力来看，购买者可以针对所购买的产品进行压价，或是提高对产品或服务质量的要求，这样做是为了提高行业内企业的盈利能力。

购买者的议价能力也会受到诸多因素的影响，当购买者具备以下条件时，就意味着其议价能力较强：

- 购买者总数少，购买量大，在供应商的总销售量中占据了相当大的比重。
- 供应商所在行业集中化程度较低，主要由小规模企业组成。
- 购买者所购产品的标准化程度较高，可以很容易地更换供应商，不需要付出太多成本。
- 购买者可做到后向一体化，供应商无法做到前向一体化。

从以上情形中可以总结出，购买者的议价能力会受到以下因素的影响：

- 购买者数量。
- 所购产品标准化程度。
- 对所购产品质量的敏感度。
- 所购产品的可替代性。
- 大批量购买的普遍程度。
- 所购产品在总成本中所占比重。
- 后向一体化的实现难度。

3.1.4 潜在进入者的威胁

行业的潜在进入者不可避免地会与现有企业展开竞争，这种竞争体现在原材料和市场份额等方面，关系到现有企业的利润水平，甚至现有企业的生存状况也可能会受到竞争的影响。因此，现有企业需高度重视潜在进入者带来的威胁。

潜在进入者进入行业的难度以及带来的威胁程度由两方面因素所决定：一是新领域的进入障碍，二是现有企业对新参与者的反应。其中进入障碍包括规模经济、产品差异化程度、转换成本、技术障碍、销售渠道控制、政策法规等，对于潜在进入者而言，部分障碍的克服难度较大。

（1）规模经济

经营者会重视扩大经营规模，因为这样能够摊薄单件产品的成本，提高盈利能力。规模经济体现在每一个经营环节中，且程度各有差异。打造规模经济需要一定的时间和积累，因此如果一项产业对于最低有效规模的要求越高，那么新参与者在进入这项产业时所面临的障碍就会越大。

（2）产品差异化程度

差异化指企业通过产品和服务满足用户的个性化和定制化需求，这种借助差异化产品所赢得的用户群体是较为稳固的，他们对现有企业的忠诚度和信任程度比较高。因此，一个行业越强调差异化，其进入难度就越高，新进入者面临的障碍就越大。

（3）转换成本

转换成本是针对购买者来说的，是购买者在更换供应商时所需付出的成本。一旦选择更换供应商和所购产品，购买者就需对新产品进行考核，引入应用于新产品的辅助设备，重新设计所生产的产品，从供应商处获取相关的技术帮助，也需要重新培训员工使其掌握新产品的使用要领，这些都需要花费一定的成本。除了现实的物质成本外，购买者还需要考虑心理和社会层面上的成本，比如需要重新经营与新供应商的关系。

转换成本越高的行业进入障碍越大，如果转换成本很高，购买者就很难放弃与原本供应商的合作而转向新进入的企业。

（4）技术障碍

行业的现有企业可能握有较多的专利技术和专有技术，使新进入者很难在技术层面与其竞争，这就形成了行业的技术障碍。另外，技术障碍还体现为现有企业拥有的与规模无关的成本优势，比如工人的熟练程度较高、拥有顺畅高效的采购渠道等。

（5）销售渠道控制

企业需要建立销售渠道以便进行产品的销售，而行业现有企业经过长期的积累，其销售渠道往往比较稳定和完善。因此，对于新进入者来说，形成自己的销售渠道是一项重要挑战，不仅需要付出一定的成本，还难免会与现有企业展开竞争。

（6）政策法规

由于产业性质不同，政府的监管力度也具有差异。对于部分产业而言，政府的监管比较严格，通常会出台相关的政策和法规来设置准入门槛，从而对进入的企业资质作出要求，这无疑会给新进入者带来较大的障碍。

除了进入障碍外，新进入者的威胁和进入难度还取决于行业现有企业的反应。如果整个行业的市场已经趋近饱和，行业增长乏力，或者行业的整体利益与现有企业的自身利益密切相关，则现有企业对新进入者的反应就会比较强烈，在资源和财力较为充足的情况下，他们会采用报复性措施来对抗新进入者，削弱新进入者的威胁。行业现有企业采取报复措施的力度越大，新进入者就越难进入这一行业。

综上，新进入者能否顺利在一个行业中站稳脚跟，很大程度上取决于行业的进入障碍以及现有企业的反应。此外，在进入新行业前，新进入者还需要主动评估潜在利益、代价及风险，根据评估结果决定是否进入该行业。

3.1.5　替代品的威胁

竞争不仅存在于同行业的企业之间，也可能存在于不同行业但产品互为替代品的企业之间。由替代品引起的竞争会促使企业对竞争战略作出调整。

替代品对企业产生的影响体现在以下几个方面：

- 如果市面存在企业自身产品的可用替代品，那么企业就无法完全掌握产品的定价权，也就很难提高盈利能力。
- 当替代品出现时，企业须通过提升质量、降低售价、突出产品特色等方式来提高自身产品的竞争力，以防止销量和利润出现下滑。
- 产品购买者的转换成本越低，替代品带给企业的压力就越大。

总之，替代品生产者可通过生产低价、高质、低用户转换成本的替代产品与现有企业展开竞争，对其施加压力，这种竞争压力的强度取决于替代品的销售增长率、利润增长率，也与替代品生产者的生产能力有关。

从替代品生产者的角度来看，要想生产出具备竞争力的替代品，就需要先完成对替代品的识别，而后明确产品的价值所在。在识别替代品时，需先列出一个针对某产品的替代品清单。比如，电子书的替代品有口袋丛书等。列完替代品清单后还需进一步完善清单，而完善清单首先要明确用户的需求，将能够满足用户需求的产品加入清单，并描绘出各产品的功能特征。

清单确定后，生产者要对清单中各项产品的价值进行评估。产品的价值由其性能和功能所决定，性能更佳、功能更强大的产品拥有更高的价值。替代品生产者应将清单中价值最高的产品确定为替代品生产选项，并进行替代品的批量生产。替代品的盈利能力越强，购买者更换产品所付出的成本越低，则现有企业产品所面临的竞争压力就越大。另外，替代品生产企业所采用的经营策略也是竞争压力的影响因素。

3.1.6　现有竞争者的威胁

在大多数行业中，企业都试图建立起相对于其他企业的优势，这是企业竞争战略的主要诉求。要想取得优势，企业之间的竞争是不可避免的，而这种竞争体现在多个方面，包括价格、营销、售后服务等，而竞争的强度取决于多种因素。

通常来说，以下情况的出现会加剧行业中企业之间的竞争：

- 行业门槛低，参与竞争者较多，竞争者之间无法拉开差距。
- 市场成熟度高，拓展空间相对较小，未出现需求的大幅增长。
- 竞争者打价格战，试图通过降价获得更多市场份额。
- 竞争者的产品和服务高度同质化，用户转换成本低。
- 存在一项回报率极高的战略行动，竞争者纷纷围绕此行动发力。
- 行业外的强大企业接手行业内处于劣势的企业，外部强力竞争者的参与使行业内的竞争趋于激烈。
- 相比于继续参与竞争，退出竞争要付出更大的代价。比如自身拥有的资产只能用于本行业；战略僵持阶段退出竞争要承受较大损失；退出竞争会受到政府和社会层面的限制等。

当行业内竞争加剧时，企业需做好充足的准备，积极应对竞争，有效化解竞争对自身的威胁。企业需密切关注行业内的竞争状况，把握产品生命周期、行业增长速度等环境因素，通过产品差异化和转换成本进行自我保护，避免自身利益受损。

以上讨论了波特五力分析模型的五种力量。企业可采用多种手段应对这五种力量，比如避免与竞争力量直接接触、抢占竞争的有利位置、引导行业竞争规则朝着符合自身利益的方向发展等，从而帮助自己在竞争中取得优势，提高自身在行业内的竞争力。

3.2 SWOT 分析模型及应用

SWOT 分析法也被称为优劣势分析法、态势分析法，是一种战略规划工具。

SWOT 分析模型如图 3-2 所示，在 SWOT 分析法中，S 代表优势（Strengths），W 代表劣势（Weaknesses），O 代表机会（Opportunities），T 代表威胁（Threats），前两者是内在要素，后两者是外在要素。

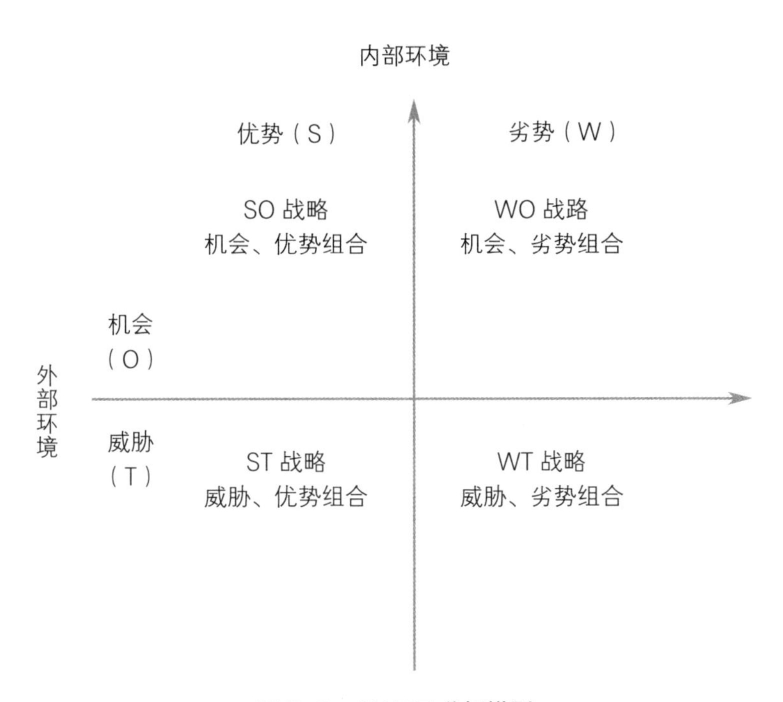

图 3-2　SWOT 分析模型

在 SWOT 分析中，SW 和 OT 分别用于分析企业的内部条件和外部条件。借助调查掌握内部的优势、劣势以及外部的机会、威胁，将四者排成矩阵，而后再对其进行匹配和系统分析，由此得出结论。通过 SWOT 分析，企业可以全面准确地把握自身所处的环境，为战略的规划和制定提供重要参考，提升企业的决策水平和管理水平。

3.2.1　优势与劣势分析（S&W）

优势和劣势是内部因素，即存在于企业自身的因素，所以优势与劣势分析关注的是企业的自身实力，且优劣势是通过与竞争对手的对比而得出的。

（1）优势（Strengths）

在竞争过程中，与竞争对手进行对比，企业可能会发现自身在某些方面拥有优势，也可能在某些方面存在劣势。优势和劣势是相对而言的，竞争中己方的优势意味着对方的劣势，己方的劣势也意味着对方的优势。

当企业具备相较于竞争对手更强的能力时，就拥有了优势。优势也可以是企业独有的资源，该资源能够增强企业的竞争力。凭借这种优势，企业得以实现对竞争对手的超越，比如，在同一市场内，市场竞争发生在客户群体相同、产品和服务相同或类似的企业之间。一家企业如果凭借技术、产品等处在较于其他企业更领先的地位，取得了更高的经营利润，占据了更多的市场份额，就拥有了市场竞争优势。

具体而言，竞争优势可体现在以下几个方面，如图 3-3 所示。

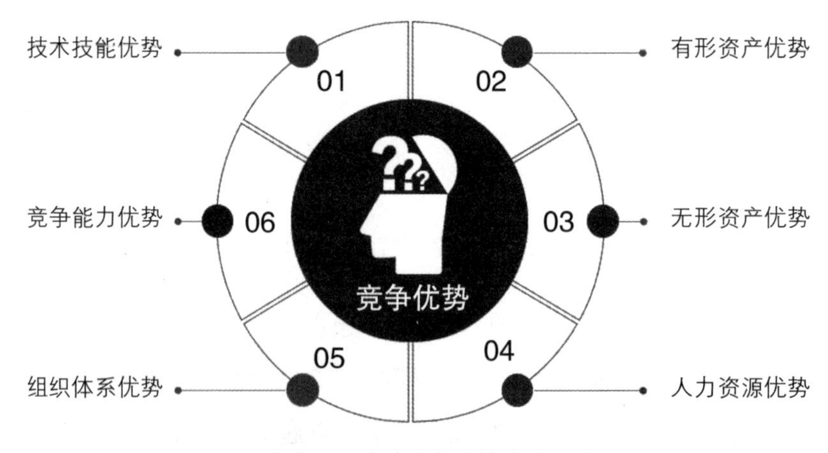

图 3-3　企业竞争优势的体现

① 技术技能优势

可体现在技术、产品、营销、服务等多个方面，例如高超的技术水平、有效的成本控制、稳定的产品质量、卓越的营销能力、优质的售后服务等。

② 有形资产优势

如充足的原材料储备、先进的生产设备、雄厚的资金、全面的信息、位置优越的不动产等。

③ 无形资产优势

如高价值品牌、良好的企业形象和信誉、健康的企业文化等。

④ 人力资源优势

职员能力和素质层面上的优势，具体体现在职员的技术水平、工作态度、工作经验、学习能力等多个方面。

⑤ 组织体系优势

包括合理的人员架构、部门间的协作意识、优秀的组织动员能力、与客户间的良好关系等。

⑥ 竞争能力优势

包括高效的产品开发、稳定的供应商、完善的经销渠道、较强的环境适应能力、市场份额优势等。

综上，竞争优势可体现在技术技能、有形和无形资产、人力资源、组织能力等多个方面。企业需对自身优势有明确的认识，特别是要突出自己的绝对优势，使该方面优势得到最大程度的发挥。在明确优势之后，企业还要考虑怎样使竞争优势得到延续，针对这一点，企业需要思考以下三个问题：

- 建立优势所需时间。
- 竞争对手建立相同优势所需时间。
- 实际的优势有多大。

将以上三个问题考虑清楚，可以帮助企业将自己的竞争优势持续更长时间。

（2）劣势（Weaknesses）

劣势意味着企业存在一定的不足之处，使企业相对于竞争对手来说处在落后地位。劣势可能是由以下因素导致的：

- 技能技术方面的竞争力不足。
- 产品质量存在问题。
- 资产不充足、人力资源素质不高、组织体系不够完善。

- 无法获取到足够的市场知识和信息。
- 在关键领域缺乏竞争力，无法形成竞争优势。

针对自身劣势，企业应当采取有效的方法进行调整和改进，避免劣势对企业造成更大的负面影响。

综上可知，优势和劣势的来源是多样的，企业的优劣势分析要考虑到价值链的各个环节，包括成本、制造工艺、质量控制、销售渠道、售后服务等，只有在自身与竞争对手之间进行全面的对比，确立并保持优势，正视并弥补劣势，才能提升企业的整体竞争力。

3.2.2 机会与威胁分析（O&T）

机会和威胁属于外部因素和客观因素，来自外部环境，能够对企业产生正面或负面的影响，所以机会与威胁分析关注的是外部环境对企业的影响。机会和威胁同样是相对的，一家企业受到威胁意味着其竞争对手得到了机会，反之亦然。

（1）机会（Opportunities）

市场机会将在很大程度上决定企业战略，面对机会时，管理者应认真审视和深入分析，并结合公司财务状况和组织资源选择对于公司而言的最佳机会，以便在竞争中取得优势，获得更高的利润。以下是企业可能得到的发展机会：

- 客户群体扩大。
- 出现新的产品细分市场。
- 开发新产品，拓展新业务。
- 前向整合或后向整合。
- 市场壁垒消除，或市场开放程度增加。
- 竞争对手失误。
- 具备跨区域扩张的条件。

（2）威胁（threats）

外部环境中存在各种威胁，这些威胁会对公司的盈利能力和市场地位产生负面影响。管理者要做到及时识别威胁，并评估威胁可能造成的后果，以此制定有效的应对策略来消除或降低威胁的实际影响。以下是公司可能面临的外部威胁：

- 实力强劲的竞争对手加入市场。
- 公司产品受到替代品的冲击。
- 汇率波动对出口或进口造成不利影响。
- 贸易壁垒提高。
- 社会消费方式出现不利于公司的转变。
- 人口结构变化，需求萎缩。
- 经济环境不佳。

外部环境的变化既会为企业创造机会，也会对企业造成威胁。面对机会和威胁，企业要从社会、政治、经济等多个层面出发全方位地考察其所处的环境，提升对环境变化的适应能力，并充分利用机会，从中获取尽可能多的收益，面对威胁时要采用有效行动，消除威胁带来的负面影响，最大限度减少损失。

机会和威胁具有两面性，有时候同样的外部环境变化对于一部分企业来说是机会，而对另一部分企业来说却是威胁。比如，社会步入老龄化对于主要客户群体为老年人的企业而言是机会，而对于主要客户群体为儿童和年轻人的企业而言却是威胁。

通常情况下，成熟企业由于上升空间已经不大，能够得到的发展机会就会较少，而较高的成熟度又可以保证其不会时常受到外部环境的威胁；困难企业本身存在诸多问题，发展机会也不多，同时面对的环境威胁却比较大。理想的状况是企业拥有充足的发展机会，而外部环境的变化又不会对其产生太多威胁，不过现实中这类理想状况少之又少，大部分企业都需要同时面对机会和威胁，把握机会、消除威胁是这些企业整个生涯所追求的目标。

3.2.3 基于 SWOT 分析法的战略制定

（1）SWOT 分析法的价值

① 深入分析企业内部优势和劣势

借助 SWOT 分析法这一工具掌握企业内部的优势和劣势，通过优劣势分析对企业内部整体情况形成明确认知，围绕发挥优势和改进劣势确定企业发展的方向，制定出企业的战略计划。

② 全面考虑外部机会和威胁

通过 SWOT 分析考察存在于外部环境中的机会和威胁，全方位认识企业所处的外部环境。充分把握机会，使机会发挥出最大的效用，及时确认威胁，做好应对威胁的充分准备。

（2）SWOT 分析的步骤和方法

① 收集数据和信息

通过广泛收集数据和信息了解和掌握企业的内外部环境，如市场调研结果、竞争对手的有效信息、客户资料、员工的意见与反馈等。全面的数据和信息可以为 SWOT 分析提供坚实的基础，使 SWOT 分析发挥出最大的效用。

② 分析企业优势和劣势

从技术、产品、服务、人力资源、供应链、品牌形象等多个方面对企业进行全面的分析评估，总结出企业在哪些方面拥有优势、在哪些方面存在劣势，参照优劣势进行决策。

③ 识别外部机会和威胁

把握外部环境变化，充分认识环境变化为企业带来的机会和威胁。环境变化可能体现在市场需求、政策法规、人口结构、技术趋势、竞争对手动态等多个方面，企业应在全面评估外部机会和威胁的基础上调整自身战略。

④ 归纳 SWOT 矩阵

把优势、劣势、机会、威胁组合成 SWOT 矩阵，并将分析结果用可视化的方式展示出来，便于企业理解当前的内外部情况。

（3）合理运用 SWOT 分析结果

① 制定明确的战略目标和计划

将 SWOT 分析结果用于企业战略目标与计划的制定，在充分考察分析结果中所展现出来的问题和挑战的基础上确定目标和计划。企业的战略目标和计划应当体现其使命和愿景，同时还要具备可行性，可以通过明确的步骤来实现。

② 优化企业资源配置

SWOT 分析结果中包含企业资源方面的信息，包括资源的分布和利用状况，企业可据此对资源配置进行优化，提升资源的利用效率，从而增强企业在关键领域的竞争力。资金、人力资源、技术设施都将在资源配置的优化中发挥关键作用。

③ 挖掘新的市场机会

企业可参照涉及外部机会的 SWOT 分析结果捕捉新的市场机会，同时结合分析结果中的内部优势创造把握市场机会的条件。面对新的市场机会，企业不仅要有敏捷的反应，还要积极寻求创新，推出全新的产品和服务，扩大自己的经营规模，取得更高的利润和市场份额。

（4）深入挖掘 SWOT 分析结果

① 识别关键问题和机会

首先，SWOT 分析结果中的各因素在重要性和紧迫性上有高下之分，因此企业需要根据优先级排定各因素的次序，识别出其中的关键问题和机会，并将其作为重点关注对象。在进行各因素的优先级排序时，企业可参照重要性、可行性、潜在影响等指标。

其次，企业需要根据 SWOT 分析结果，围绕关键问题和机会，确定具有针对性的行动计划。行动计划需包含行动时间表、实施计划所需资源以及计划的责任人等信息，另外行动计划还要设定明确的阶段性目标，为企业行动提供详细的指导。行动计划应与企业战略目标相适应，能够促进战略的实施。

② 监测和评估 SWOT 分析结果

首先，企业需构建完善的绩效评估体系，借此掌握战略实施所取得的实际效果。刚开始需要确定关键绩效指标，而后定期对数据进行收集汇总，最后通过数据分析评估绩效。如果绩效没有达到预期目标，则表明战略实施存在一定的问题，对此企业需及时调整和改进。

其次，SWOT 的分析对象是内外部条件，而这些条件总是处于变动之中。内外部环境的变化往往会产生新的关键问题，创造出新的机会，企业要敏锐地感知到环境变化，并认识到这些变化带来的影响，从而有针对性地调整战略计划，使战略能够始终适应现实的需求。

综上，深入挖掘 SWOT 分析结果可以帮助企业识别关键问题和机会，并在此基础上制订行动计划。此外，在借助 SWOT 分析结果实施战略目标时，企业需通过绩效评估体系监测战略实施的效果，并据此对战略计划进行实时调整。

3.2.4 基于 SWOT 的企业战略管理咨询

（1）企业战略管理咨询的作用和价值

通过战略管理咨询，企业可以获取到专业知识和相关经验，完成战略目标的确认，并围绕战略目标制定行动计划，有效应对战略实施过程中遇到的问题和挑战。企业战略管理咨询具有全面、客观、独立的特质，能够在战略制定和执行中给予企业很大的帮助。

（2）SWOT 分析在企业战略管理咨询中的应用

SWOT 分析法是企业战略管理咨询的重要工具，协助企业和咨询顾问进行战略制定。

① 帮助企业制订更优化的战略计划

SWOT 分析结果中包含对企业优势、劣势、机会、威胁的分析，这将为企业战略管理咨询提供重要参考。根据分析结果，咨询顾问将与企业共同制订出更加合理和完善的战略计划，帮助企业在具体的行动计划和战略路线的引导下向着战略目标迈进。

② 提供全方位的战略管理咨询服务

SWOT 分析在企业战略管理咨询中发挥全方位作用，使全方位的咨询服务成为可能。通过与咨询顾问的合作，企业可以获取到战略目标制定、资源配置优化、风险管理等多方面的服务，咨询顾问将根据企业的具体情况为其量身制定战略管理解决方案，推进企业战略的执行和战略目标的最终达成。

（3）成功案例分享

下面分享一些结合 SWOT 分析与企业战略管理咨询的真实案例，通过这些案例可以了解到 SWOT 分析在企业战略制定中发挥的作用。

① 案例一：Procter & Gamble（宝洁公司）

宝洁公司是全球日用消费品领域的龙头企业，其将 SWOT 分析用于战略制定和市场竞争，借助 SWOT 分析总结出自身拥有的内部优势和外部环境变化带来的机会。其中内部优势体现在品牌形象、产品创新、供应链等方面，外部机会则来源于市场趋势和消费者需求变化对公司产生的有利影响。在 SWOT 分析结果的指导下，宝洁完成了战略目标的制定，采用更优的产品组合方案，在市场开拓方面取得了突出进展，在全球市场竞争中占据优势。

② 案例二：Tesla（特斯拉）

特斯拉是全球范围内居于领先地位的电动汽车制造企业。借助 SWOT 分析，特斯拉确认了技术创新能力、品牌影响力等内部优势，也识别了新能源汽车这一处于上升期的市场所带来的外部机会，以及竞争压力、供应链挑战等因素所造就的外部威胁。特斯拉参考 SWOT 分析结果进行战略计划的制订，该战略的主要内容包括加大技术研发力度、提高产能，在此战略的引领下，特斯拉成为全球主要的电动汽车品牌之一。

③ 案例三：Amazon（亚马逊）

亚马逊是全球知名的电子商务公司，借助 SWOT 分析，亚马逊确认了内部优势，包括市场份额优势、完善高效的物流网络、品牌声誉方面的深厚积累等，也识别了外部环境带来的机会和威胁，外部机会体现为新兴市场、技术革新等，外部威胁则来自竞争对手、供应链风险等。亚马逊根据 SWOT 分析结果进行战略目标的制定，该战略的主要内容包括丰富商品类别、物流优化、供应链管理等，在此战略的指导下，亚马逊取得了电子商务领域的竞争优势。

3.3 PEST分析模型及应用

3.3.1 PEST模型的概念与适用范围

“PEST”概念的提出者为哈佛大学商学院教授弗兰西斯 • 阿吉拉尔（Francis J.Aguilar），该概念首次出现于其1967年的著作《商业环境扫描》（*Scanning the Business Environment*）中，主要用于评估企业的外部经济环境，可以被看作PEST模型的先导。1999年，英国学者格里 •约翰逊（Gerry Johnson）和凯万 •斯科尔斯（Kevan Scholes）出版了《战略管理》一书，PEST模型就此问世。

（1）PEST分析模型的基本概念

PEST分析模型的应用比较广泛，作为战略管理工具，其作用是考察宏观环境，评估环境对整体组织或具体项目造成的影响，这种影响来自政治（Political）、经济（Economic）、社会（Social）和技术（Technological）四个层面。

PEST分析从战略层面出发，是一种对环境的宏观分析，企业可以参考分析结果实施战略管理。PEST的具体分析内容则与行业、企业特点及需求有关。PEST分析模型如图3-4所示。

① 政治因素（Political）

包括政府颁布的政策及法律法规、政治形势的走向、政治局面的稳定性、政府的调控和干预措施等。

② 经济因素（Economic）

包括经济走势、通货膨胀情况、银行利率、货币政策、投资环境、汇率、就业情况等。

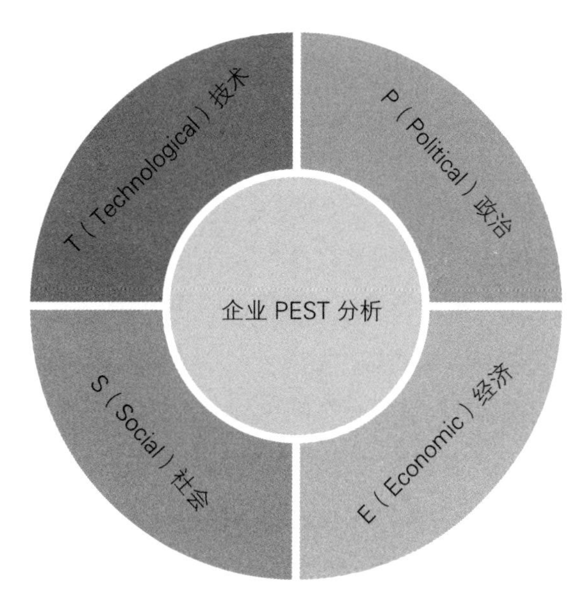

图 3-4 PEST 分析模型

③ 社会因素（Social）

包括人口数量及结构、地理条件、社会价值、生活方式、生态保护、消费习惯、教育水平等。

④ 技术因素（Technological）

包括技术变革情况、技术应用情况、技术趋势等。

使用 PEST 分析模型时，要确认何种环境因素会对组织产生重要影响，并把握这种影响的趋势。而后总结并评估对于组织而言的关键环境因素，由此发现存在于环境中的机会和威胁。

（2）PEST 分析模型的适用场景

① 战略规划

基于 PEST 分析模型对外部环境的分析结果，制订合理的战略规划，提升对环境的适应能力，更好地把握机会、应对威胁。

② 市场研究

运用 PEST 分析模型进行市场分析，了解市场潜力、消费者需求、竞争对手策略等关键信息，为进入市场做好充足准备。

③ 新产品开发

结合 PEST 分析模型中的各种环境因素，准确把握市场和技术趋势，开发更符合市场需求、技术水平更高的新产品。

④ 海外扩张

PEST 分析模型在世界范围内是普遍适用的，有意开拓海外市场的企业可借此分析目标市场的外部环境，为海外扩张提供指导。

⑤ 风险评估

借助 PEST 分析模型评估外界存在的风险，并制定有效的应对措施，降低风险对自身的影响。

PEST 分析模型的分析对象为宏观外部环境，且更多是从战略层面出发，因此在做具体决策时，仅依靠 PEST 分析模型是不够的，还需考察特定时间点的环境条件以及企业的内部因素，并运用多种分析工具。

3.3.2 PEST 分析模型的内容框架

（1）政治环境

政治环境很大程度上由政治力量所决定，社会制度、执政党性质、政策方针、法律法规等都是政治环境的组成部分。如果政治制度、法律法规或政府态度发生了变动，则企业的经营战略就要有所调整，以免与政治环境产生冲突。

关于政治环境，有以下几个要点需要注意。一个国家的社会制度会对企业活动提出一定的要求，社会制度因国家而异，而在同一国家的不同时期，社会制度也会发生变化。有的国家虽然社会制度并未改换，但其执政党会发生变更，不同执政党的方针政策各不相同，对于企业活动也会采取不同的态度，造成不同的影响。

（2）经济环境

经济制度、经济水平、经济发展趋势、产业结构、资源条件等都是经济环境的组成部分。企业身处经济环境之中，不可避免地会受到经济环境的影响，所以企业要从经济环境出发进行战略的制定。另外，随着经济全球化的不断推进，各国经济上的联系越来越密切，彼此的经济环境相互影响，因此企业也需关注本国之外其他国家的经济环境。

经济环境分为宏观经济环境和微观经济环境两个维度，如表3-1所示，PEST分析模型的分析对象主要是宏观经济环境。

表3-1　经济环境的两个维度

维度	内容
宏观经济环境	主要指一个国家的人口数量及其增长趋势、国民收入、国内生产总值及其变化情况，通过这些指标能够反映国民经济发展水平和发展速度
微观经济环境	主要指企业所在地区或所服务地区的消费者的收入水平、消费偏好、储蓄情况、就业程度等因素。这些因素直接决定着企业目前及未来的市场情况

（3）社会环境

社会环境包括一个社会的民族文化、习俗礼仪以及社会成员的行为方式、价值观念、风俗习惯、教育水平等。核心价值观是社会环境的重要组成部分，它稳定持久，受到社会成员的广泛认可，在繁衍和教育中代代相续，因此企业在评估社会环境时要对核心价值观有充分的认识。

分析社会环境，文化是一个关键的切入点。文化是由一定的群体建构起来的，这些群体有着一致的语言、价值观念和生活环境，企业要学会把握这种文化上的共性。与此同时，群体内部的成员又在态度、兴趣、偏好等方面呈现出差异，做出不同的消费行为，企业也要认识到这种行为和取向上的多样性。

社会环境对企业经营活动产生的影响主要包括以下几点：

- 消费者的需求一定程度上由其文化水平所决定。
- 按照风俗习惯，企业的有些活动可能不受欢迎，甚至遭到抵制。
- 消费者对企业及其活动的态度会受到价值观念的影响。

- 从不同的审美观点出发，消费者会对企业活动的内容和方式给出不同的评价。

(4) 技术环境

技术环境包括技术、工艺、材料等方面的变革和最新成果，新成果的发展趋势和应用情况也是技术环境的一部分。在考察技术环境时，企业应聚焦于自己所在的行业和领域，特别是与本行业存在密切关联的技术发展情况，与此同时还要关注宏观的技术形势，主要包括以下几个方面：

- 国家和政府在科技领域的投资方向，在科技发展方面的着力点以及支持力度。
- 国家在研发方面的投入，包括在本领域的投入。
- 技术向商品的转化情况，包括转化速度和转化质量。
- 专利的发展情况，包括专利数量、专利类型以及专利的保护情况。

以上讨论了政治、经济、社会、技术四种环境，典型的PEST分析模型内容如表3-2所示。

表3-2　典型的PEST分析模型内容表

政治	经济	社会	技术
环保制度	经济增长	收入分布	政府研究开支
税收政策	利率与货币政策	人口统计、人口增长率与年龄分布	产业技术关注
国际贸易章程及限制	政府开支	劳动力与社会流动性	新型发明与技术发展
合同执行法、消费者保护法	失业政策	生活方式变革	技术转让率
雇佣法律	征税	职业态度、企业家精神	技术更新速度与生命周期
政府组织 / 态度	汇率	教育	能源利用与成本

续表

政治	经济	社会	技术
竞争规则	通货膨胀率	潮流与风尚	信息技术变革
政治稳定性	商业周期所处阶段	健康意识、社会福利与安全感	互联网变革
安全规定	消费者信心	生活条件	移动技术变革

PEST 分析注重的是把握未来，为下一步的行动提供指导。如表 3-3 所示，PEST 分析项目核对表可用于对未来的政治、经济、社会、技术环境的分析。

表 3-3　PEST 分析项目核对表

未来政治形势	未来经济形势	未来社会文化	未来技术变革
政治稳定形势	GDP 走势	价值观和文化变迁	新的研究方向
立法	人均可支配收入	生活方式改变	新的专利产品
政府与企业的关系	汇率水平	环境问题	新技术变化和应用产出的速度
政府对行业占有、垄断和竞争的态度	失业率	地理变化	非相关行业的技术成果

3.3.3　PEST 战略分析的实战流程

下面将介绍 PEST 战略分析实战流程的具体步骤。

（1）步骤一：信息收集

收集政治、经济、社会、技术方面的信息，确保信息的充分、全面、可靠，政府文件、行业报告、期刊论文、报纸图书、数据库等都可以作为信息的来源。可借助相关工具提升信息收集的效率和质量，如波特五力模型、SWOT 分析法等。

（2）步骤二：信息分析

信息收集完成后，对获取到的信息进行整合分析，把握外部环境的趋势，探究企业会在哪些方面受到环境的影响，并讨论应该如何应对环境出现的问题。信息分析要集合多个部门的力量，通过部门间的有效协作实现全面深入的分析。

（3）步骤三：制定策略

在深入分析 PEST 各因素的基础上，进行企业各项策略的制定，包括产品开发策略、投资策略、销售策略等。比如，如果通过技术环境分析认识到了某项技术的重要性，那么应当想办法将这项技术引入到产品中来；如果通过政治环境分析发现新政策加大了对本行业的支持力度，可考虑追加投资。

（4）步骤四：执行和监控

在实践中执行先前制定的策略，实时掌握策略的实际效果。从市场、竞争对手、消费者等多个方面对环境实施监控，当外部环境发生变化时，要对策略进行相应的调整，保持策略与环境相适应，使策略能够发挥出预期作用。

企业要认识到 PEST 分析是动态的，随着外部环境不断发生变化，因此上述四个步骤需要反复进行。PEST 分析可帮助企业准确把握市场环境及趋势，制定经营策略以及针对风险的应对措施，提升企业的整体竞争力。在使用 PEST 分析时，要坚持实事求是的原则，从现实情况和自身需求出发，对分析模型进行适当调整，采用适用于自身的分析方法。

综合性是 PEST 分析的显著特征，有助于企业制定出更合理的经营策略。不过 PEST 分析绝非万能，在某些方面它是不适用的，比如：

- 不适合短期分析。PEST 分析的分析对象为宏观环境，而宏观环境的变化周期往往比较长，这就决定了 PEST 分析更适合用于中长期分析，在短期分析方面往往无从施展。举例来说，如果企业要制定下周或下个月的计划，那么 PEST 分析就无法提供实质性的帮助，因为在如此短的时间内宏观环境不太可能发生很大变化。

- 不适合内部环境分析。PEST 分析主要用于外部环境分析，外部环境与内部环境之间差别较为明显，PEST 分析并不能够胜任内部环境分析。因此，如果有分析企业优劣势等内部环境的需求，需另找分析工具，如 SWOT 分析等。

3.3.4　优衣库：基于 PEST 分析模型的品牌策略

著名服装品牌优衣库是使用 PEST 分析取得成功的典型案例，下面将介绍优衣库是如何运用 PEST 分析的。

（1）因地制宜进行全球扩张

全球各地的政治环境迥异，对企业的灵活性和适应能力提出了较高的要求，而优衣库做到了因地制宜，推动了自身在全球范围内的扩张。优衣库在扩张的过程中，会密切关注各地的政策、法规、标准，做到紧跟政策风向，合法合规经营。比如，中国政府提出促进消费的政策，对零售业给予一定的支持，优衣库就把握住了这一机会，极大地开拓了中国市场。

（2）灵活应对市场环境变化

当全球范围内的经济环境出现变动时，优衣库会采取及时合理的应对措施，把握住市场变化带来的机遇。比如，当经济下行时，消费者都在考虑如何节省支出，优衣库就会在这一阶段的营销策略方面主打性价比，迎合消费者的购物需求；当经济回升时，消费也会呈现出升级趋势，优衣库则会在这一阶段推出质量更好、更有吸引力的新品，适应日渐增长的消费需求。

（3）积极迎合消费者需求

基于社会环境分析，优衣库实现了对消费者需求的深刻洞察，由此推出了更受消费者欢迎的产品。比如，许多消费者追求简单自在的生活，从消费者的需求和偏好出发，优衣库将“简约舒适”作为品牌遵循的理念，以此指导产品的开发，赢得了大量消费者的青睐，比如“热感”与“冷感”系列产品就是优衣库产品的成功代表。

（4）及时顺应科技创新趋势

优衣库顺应技术环境的变化趋势，利用科技创新成果提升自身竞争力，开拓更大的发展空间。比如，借助大数据分析，优衣库得以全面把握消费市场的现状，包括消费者需求、偏好的变化情况，指导推出更加符合消费者需求的产品。再比如，优衣库积极推进电商建设，搭建线上购物平台，扩展商品销售渠道，同时提升消费者的购物体验。

企业在运行过程中，不可能与外部世界相隔绝，总是要与现实环境发生接触，所以会受到外部环境的影响。因此，从企业的角度来看，对外界的政治、经济、社会、技术环境进行分析是非常有必要的，这也是 PEST 分析的意义所在。基于 PEST 分析结果，以及结合对于内部因素的认识，企业能够制定出科学的经营策略，为运营活动提供指导。

3.4　企业全周期战略管理模型

3.4.1　企业全周期战略管理模型的构建

企业全周期战略管理模型主要包含环境分析（Environmental Analysis）、需求管理（Demand Management）、供给管理（Supply Management）、预算管理（Budget Management）、控制管理（Control Management）和审计评价（Auditing Evaluation）6 个组成部分，帮助实现对企业战略的全面管控。具体来说，企业全周期战略管理 ABCDES 模型构建如图 3-5 所示。

（1）环境分析

环境分析是企业充分落实战略管理工作的基本保障，主要涉及对企业内部环境资源和外部环境资源的评估以及对环境资源是否可利用的判断两项内容，

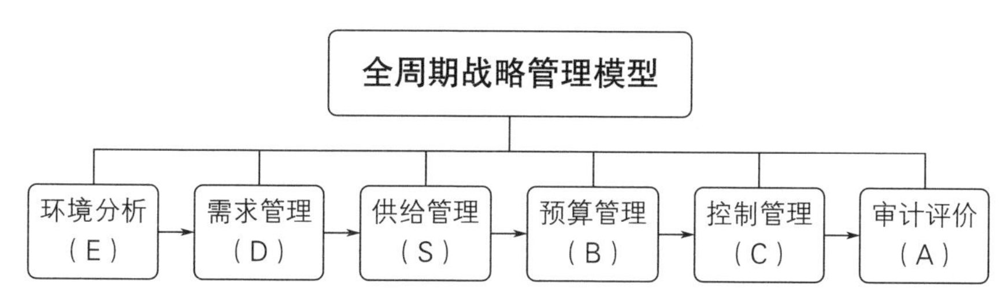

图 3-5　企业全周期战略管理 ABCDES 模型构建

能够帮助企业进一步提高环境资源利用效率。不仅如此，在环境分析环节，企业还需广泛采集和深入分析环境变化信息，并据此对各项相关内容进行评估，如内部流程、组织结构、具体目标等，以便根据实际评估情况及时对战略管理方向进行优化调整，增强自身对环境变化的应对能力。

（2）需求管理和供给管理

近年来，为了适应发展格局的变化，我国不断加大供需适配体系建设力度，防止出现供给和需求错配的问题，并实施扩大内需战略，进一步促进消费。在企业全周期战略管理过程中，需求管理和供给管理能够有效提高供给和需求之间的适配性。

从实际操作方面来看，企业需要制定行之有效的战略方案，并在此基础上增强市场信息采集、市场信息应用等方面的能力，提高供给规划的科学性和合理性，确保供给方能够精准对接人民美好生活需要。

（3）预算管理

预算管理是企业全周期战略管理中必不可少的关键环节，能够在一定程度上确保企业的各项日常经营活动顺利进行。随着互联网、物联网等新兴技术的发展和应用，预算管理的信息化程度越来越高，管理效率和管理效果也得到了大幅提升，为企业充分落实战略预算全周期管理提供了强有力的支持。

（4）控制管理

控制管理是企业有效落实各项战略内容的重要支撑，良好的内部控制可以灵活调控企业的各项日常经营管理活动，提高生产流程的顺畅度和员工行为的规范性，避免出现因制度和执行方面的问题而造成的风险。

（5）审计评价

审计评价主要涉及内部审计和外部审计两项内容，能够在内部控制的基础上，对设计、研发、生产、制造、物流、售后等各个生产环节进行控制，并以专业化的方式指导企业优化调整人力资源和预算管理等方面的各项战略，为企业落地执行和优化完善各项相关战略提供支持。

3.4.2 决策层：战略风险防范与评估

企业使用全周期战略管理模型主要是为了提升自身价值和实现可持续发展。具体来说，企业全周期战略管理模型实施路径如图 3-6 所示。

在决策层、执行层、监督层的实施过程中，分别需要注意以下几点：

- 在决策层，企业需要通过环境分析和资源评估来防范战略风险。
- 在执行层，企业需要通过需求分析和产品供给来防范业务风险，通过预算管理和内部控制来防范内控风险。
- 在监督层，企业需要通过内、外部审计来防范审计风险。

企业全周期战略管理模型具有整体与部分相结合、纵向与横向相结合等特点，能够为企业充分把控各个战略管理环节提供支持，助力企业实现对战略环境、战略需求、战略供给、战略预算、战略控制和战略审计的有效管控。

具体来说，企业全周期战略管理模型的构建可以充分发挥战略管理系统的作用，通过良好的战略部署来提高目标的一致性和日常业务管理活动的协同性，并对各个相关流程进行优化完善，将各项相关信息集成到预算管理信息数据库当中，为信息数据管理工作提供方便，同时也可以进一步强化内部控制，优化对资金、资产、资源的管理，通过内、外部审计来加强对各项业务活动的监督，进而实现对战略风险、业务风险、内部控制风险和审计风险的有效防范，快速达成价值增值和可持续发展的目的。

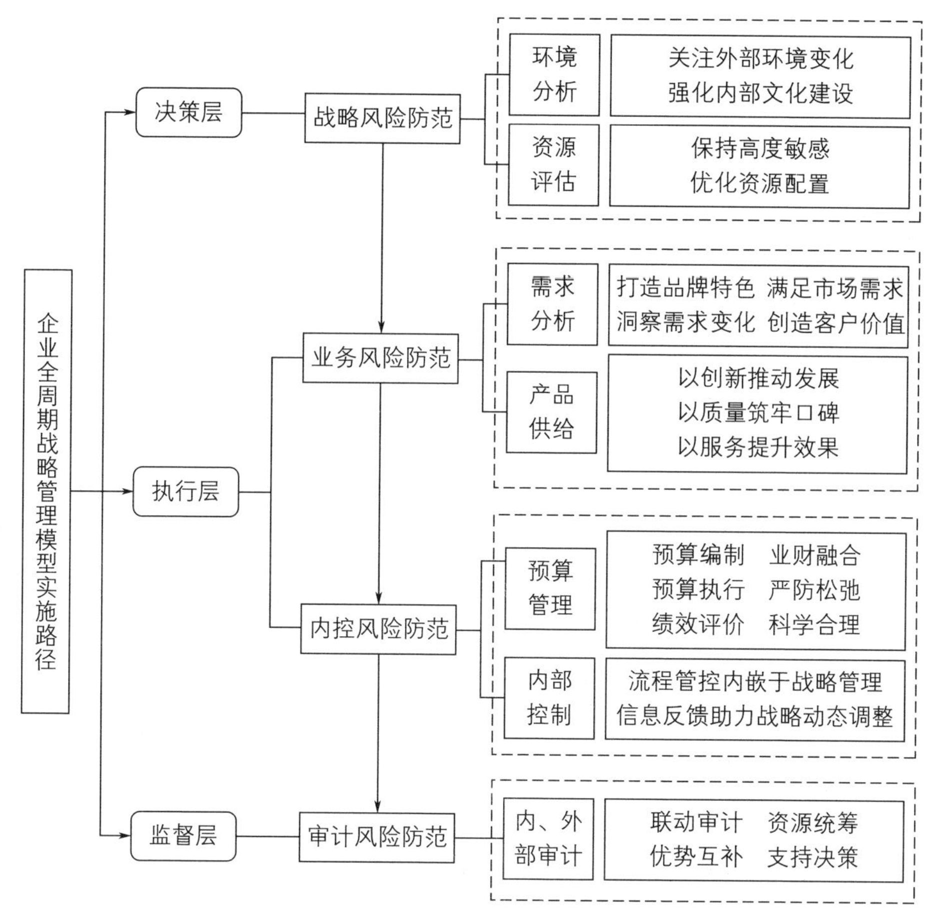

图 3-6　企业全周期战略管理模型实施路径

下面首先对决策层的实施路径进行简单分析。

战略决策是企业降低和规避战略风险的重要手段，主要涉及环境分析和资源评估两项内容，能够有效防止战略风险对企业造成难以承受的损失。

（1）环境分析

在环境分析方面，大数据和人工智能等先进技术的发展和应用改变了企业的外部环境，文化建设改变了企业的内部环境。为了应对环境变化带来的挑战，企业需要充分利用各项先进的信息技术，提高战略环境管理的信息化和智能化程度。

从外部环境变化的角度来看，企业可以充分发挥大数据的作用，广泛采集并深入分析各项相关数据信息，深入挖掘数据中蕴藏的商业价值，并借此谋求更大的利益，提升企业效益。与此同时，企业也可以将机器人技术应用到生产当中，进一步提升生产水平和生产效率。从内部环境变化的角度来看，思想与文化是当前企业竞争的焦点，为了实现长期可持续发展，企业需要加大文化培育力度，通过文化建设来强化自身的差异化竞争优势。

（2）资源评估

在资源评估方面，企业战略资源是一种具有较强的稀缺性、价值性、不可模仿性和不可替代性的资源，能够为企业的战略管理提供支撑，因此在制定战略目标之前，企业需要全方位分析自身当前的资源状况。

从实际操作来看，一方面，企业应提高自身的敏感度，将所有可利用的资源用于发展自身，强化自身的资源优势，提高自身的价值；另一方面，企业应以专业的手段来优化资源配置，提升资源配置的效果，并减少成本支出，从而达到提高回报率的目的。

3.4.3 执行层：业务与内控风险防范

执行层的实施路径主要涉及需求分析、产品供给、预算管理和内部控制，前两者主要用于防范业务风险，而后两者主要用于防范内控风险。

（1）需求分析

需求分析主要涉及竞争优势和用户需求两项内容。

① 竞争优势

由于用户流量与竞争者的产品和服务密切相关，因此为了落实好各项战略需求执行工作，企业需要采集和分析竞争者以及潜在竞争者的各项信息，增强自身的资源整合能力和竞争优势，充分掌握并满足用户需求，突出表现自身品牌特色。

竞争者的行为活动能够在一定程度上对用户需求造成影响，进而影响到品牌的产品销量。比如，当竞争者的产品价格较低时，部分用户会受到低价产品的吸引，导致品牌出现用户流失的情况，因此企业既要通过加强成本管理来控制产品价格，也要突出自身的差异化优势，并据此制定相应的应对策略，摆脱恶性价格竞争的干扰。

② 用户需求

用户是市场经济的核心，也是企业战略需求管理的中心，企业需要广泛采集客户需求信息和市场环境信息，通过对这些信息的分析来掌握用户需求变化情况，并在此基础上围绕客户展开发展战略定位工作。从实际操作上来看，企业需要采取以下措施：

- 企业需要采集客户的消费偏好、收入水平等信息，深入了解客户，掌握产品的替代品和互补品的相关信息，并构建客户需求信息数据库。
- 企业需要利用云计算等先进技术对数据库中的各项信息进行分析，深入挖掘客户当前的消费需求，预测未来消费趋势，并创造新的需求，带动客户消费，推动用户需求走向价值化。
- 企业需要加强客户维护，借助各类优惠活动为老客户送福利，增强客户与品牌之间的黏性，同时也要通过提高客户满意度的方式来树立品牌口碑，吸引更多新客户，并加强客户关系管理，抢占更多市场。

（2）产品供给

产品供给是企业战略供给的重要组成部分，通常包含产品创新、产品质量和产品服务三项内容。

① 产品创新

产品创新主要指产品研发方面的创新，对企业来说，一方面，管理层应加大对产品创新的重视程度，并实施相应的激励措施来为产品创新提供支持，激发产品研发人员的创新能力；另一方面，企业应大力推进人才育留工作，组建由各类创新型人才构成的研发团队，在人才供应上为产品创新提供支撑。除此之外，企业还应充分发挥各类先进技术的作用，为产品创新提供技术支持，强化自身产品在市场竞争中的优势。

② 产品质量

产品质量影响着企业的经营活动，为了充分保证产品质量，企业需要优化生产流程，提高产品的生产标准和生产质量，同时也要利用各种新兴技术对产品进行升级迭代，优化产品功能和产品设计，而优质的产品也会反过来助力企业树立良好的品牌口碑，增强市场竞争力。

③ 产品服务

产品服务主要包含消费场所和生产环境，其中，消费场所主要针对客户，生产环境主要针对员工。良好的产品服务能够有效提高客户和员工对企业的满意度、忠诚度。由此可见，企业需要全方位了解客户售后反馈信息和员工的生产建议，分别从内部和外部两方面对产品服务进行完善：

- 在外部，企业可以加大对市场需求变化情况的关注度，广泛采集并深入分析消费者意见，提高供给和需求之间的协调性，对资源配置情况进行优化调整。
- 在内部，企业可以利用 QHSE 管理体系[1]对各项生产活动进行管控，并为产品生产配备相应的软硬件基础设施和专业技术人员，以便生产出高质量的产品，充分满足用户需求。

(3) 预算管理

预算管理指的是对预算编制、预算执行和绩效评价等战略预算相关内容的全方位管理，主要涉及经济、社会和生态绩效三个方面，良好的预算管理能够在一定程度上优化企业运营。

① 预算编制

企业应了解当前的国家政策、经济形势、社会责任和自身的发展需求，并

---

[1] QHSE 管理体系是指在质量（Quality）、健康（Health）、安全（Safety）和环境（Environment）方面建立的综合管理体系。

在此基础上寻求业务部门专业人员的指导，选择符合自身实际情况的预算编制方法，提高决策的多元化程度，推动业务系统与财务系统相融合。除此之外，企业领导层还需对预算编制结果进行审议和批复，确保预算目标的合法性、科学性、合理性和真实性。

② 预算执行

企业应分解预算目标，并将分解出的各个小目标分别交给相应的业务部门进行落实，各业务部门也需要了解实际状况，并在此基础上进一步确立基层绩效目标，监控预算目标实际执行情况。

③ 绩效评价

企业应确定关键绩效评价指标，并在此基础上采用多种方式进行预算评价，进一步落实各项相关激励政策，优化调整资源配置。具体来说，企业在进行全方位绩效评价时可以采用横纵向比较法、财务指标与非财务指标结合法等多种对比分析方法，深入分析各项相关问题，并根据实际分析结果对后续预算管理工作进行完善。不仅如此，企业还可以设置分级奖励机制，根据评价结果向各个业务部门发放奖励，提高员工的工作积极性。

（4）内部控制

内部控制主要涉及流程管控和信息反馈两项内容。在战略管理过程中，企业需要加强对内部环境、风险评估、控制活动、信息与沟通以及内部监督的管控，增强战略执行力，并充分发挥云计算和雾计算等先进技术的作用，对战略管理控制模式进行创新。

① 在内部环境方面

企业应重视规章制度建设和企业文化培育，借助内部控制制度来确保各项日常经营管理活动的合法性和合规性，利用企业文化来提高员工的凝聚力、责任感和使命感。

② 在风险评估方面

企业应加强风险管理，以科学合理的方式评估风险的类型、发生概率以及造成的损失，计算应对风险所需的成本和实际收益，并对这两项数据进行比较，以便根据比较结果进一步明确最佳投入数量，选择最合适的风险应对措施。

③ 在控制活动方面

企业应预先做好各项准备工作，如准备原材料、机器设备和工作人员等，也要在运营过程中加强监管，在完成各项工作后进行评价，并根据评价对各项工作进行优化，确保系统运行的安全性和可靠性。

④ 在信息与沟通方面

企业应优化信息沟通机制，提高信息沟通的效率，解决信息不对称问题，确保信息传递和信息获取的及时性。

⑤ 在内部监督方面

企业应进一步完善内部监督体系，并采用双重监督模式，由董事会、监事会和企业管理层来负责监督员工，由内部监督小组负责监督企业高层人员和企业日常运营情况。

除此之外，信息反馈整合了大量结果信息，能够为企业掌握各个环节的执行情况提供支持，是内部控制过程中的重要环节。企业需要借助信息反馈结果来对内部控制制度进行优化，对战略执行情况进行分析，以便及时发现和解决战略执行过程中出现的与企业总体发展方向不符的问题，确保战略执行方向与企业总体发展方向的一致性。

3.4.4 监督层：审计风险防范预评估

战略审计主要由战略管理的内部审计和外部审计构成，为了实现有效监督，企业需要整合各项审计资源，提高内部审计与外部审计之间的协同性和一致性，并将大数据、人工智能等先进技术融入审计工作当中，提高审计效率。

(1) 内部审计

在内部审计方面，企业战略管理内部审计人员需要了解企业当前的实际发展情况，并在此基础上对各项相关问题进行分析，全方位审计企业的业务战略执行情况和运营情况，充分掌握各项相关信息。同时，也要针对企业所处阶段选择相应的审计程序，找出企业在各项生产经营活动中存在的问题，并提高审计的精准性，采集审计证据，对比分析当前审计结果与历史审计结果，根据分析结果制定企业战略，确保企业战略的有效性。

在内部审计特性的限制下，企业内部审计人员难以有效审计企业高层制定的战略管理方案，为了解决这一问题，企业需要组建高质量的战略管理内部审计人才队伍，并邀请相关专家对自身的战略管理情况进行全方位评估，以便提高决策的科学性和战略审计的有效性。

（2）外部审计

在外部审计方面，第三方审计与内部审计的协同作用能够在一定程度上优化战略审计效果，负责第三方审计的会计师事务所可以从外部全方位审视企业战略管理的流程，提高审计的客观性。

从实际操作上来看，注册会计师可以充分发挥自身的专业胜任能力，充分利用过往实践经验，根据企业的实际情况规划企业组织架构，制定整体战略管理审计方案，从不同的层面和角度展开战略管理审计工作，并向企业提供审计报告，以便企业根据报告内容有针对性地优化调整自身的战略管理方案，增强风险防范能力。

在企业发展过程中，战略管理发挥着十分重要的引领作用，科学的战略管理能够为企业进一步优化战略决策、业务流程、内部控制和审计评价提供支持。全周期战略管理模型具有科学性、系统性、完整性的特点，能够充分发挥精益化管理和精细化操作的作用，科学管理战略环境、战略需求、战略供给、战略预算、战略控制和战略审计，为企业提供全方位的战略指导，帮助企业找到新的战略角度，让企业可以在最大限度上优化战略决策、战略执行和战略监督。

随着市场竞争日渐激烈，企业需要搭建全周期战略管理模型，以战略管理为驱动力，提高环境、需求、供给、预算、内部控制和审计之间的协同性，在最大限度上提升自身价值和发展的可持续性。与此同时，企业也要进一步加强风险管理，提升风险管理水平，实现对各类风险的有效把控，并从战略管理的角度入手，提高风险管理体系的信息化程度，对各类风险进行细化和量化处理，增强企业抗风险能力，促进企业实现高质量发展。

第 4 章

战略规划

4.1　战略规划：制定企业未来发展蓝图

4.1.1　战略规划的内涵与意义

战略规划是企业基于发展的核心要求，在对内外部环境进行全面分析的基础上制定长期发展目标，从宏观层面进行方案制定，对企业的后续发展进行指导。战略规划既能够对企业的后续发展起到引领作用，同时也能够辅助企业管理者实现对市场的深刻洞察，提升资源配置效率，打造企业比较优势。

数字化时代的到来以及各种新产业兴起，为企业发展带来了更多的机遇和挑战，企业只有做好预判，提前进行前瞻性布局，才能更加平稳地立于发展之潮头。战略规划的制定主要聚焦于三个方面，一是企业的当前定位，二是企业的未来目标，三是具体的实施路径，如图 4-1 所示。

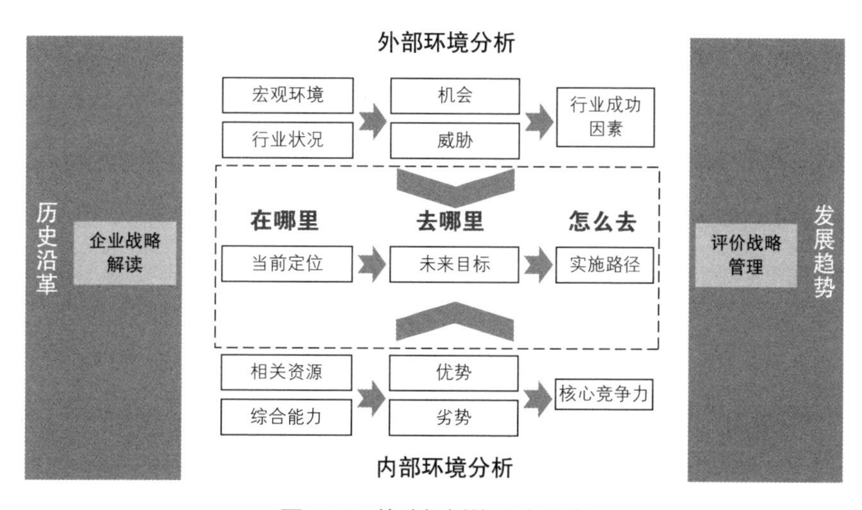

图 4-1　战略规划的 3 大焦点

从管理学角度来看，战略规划的意义主要体现在以下几个方面，如图 4-2 所示。

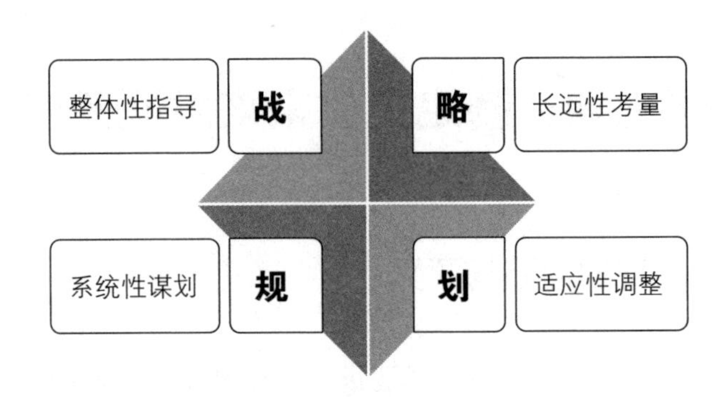

图 4-2　战略规划的意义

① 整体性指导

从全局出发对企业的发展进行把握，始终保持企业发展的连续性以及发展方向的正确性，防止因过度聚焦于局部利益和眼前困难而出现方向性错误。

② 长远性考量

让企业从可持续发展的角度进行生产活动的组织和资源的配置，避免因为过度追求短期利益而错过长期发展机遇。

③ 系统性谋划

帮助企业进行各环节、各层面的合理部署，打好“组合拳”，让各项不同业务在互相协同中齐头并进。

④ 适应性调整

帮助企业更好地应对内外部环境变化，敏锐地捕捉环境中蕴含着的信息要素，并以之为依据对战略规划进行优化调整，提升企业的抗风险能力，保持企业的发展活力。

如果把现代企业比喻成一架在空中飞行的飞机，那么战略规划就是导航塔。战略规划描绘了企业发展的蓝图，决定着一个企业能够达到的发展高度，同时也对管理者的经营思维与决策能力提出了更高的要求。

从某种意义上讲，企业之间的竞争本质上是其背后战略决策制定者的较量。格局站位高、布局思维新、实施方式活的战略规划往往能够帮助企业快速步入发展正轨，指导企业发挥自身优势，汲取外部环境中的能量，不断迈上新的发展台阶。反之，如果战略规划不具有实际指导意义，则会造成企业发展方向模糊、发展路径混乱，使企业陷入被动。

当前，随着新业态新模式的出现，商业环境的复杂性指数进一步提高，企业间的竞争更加激烈，战略规划成为推动企业高效管理与长久发展的重要指南。参照中国的商业实践来看，科学、贴合实际的战略规划和强大的规划执行能力正是各个领域的龙头企业成功登顶的“秘籍”，指导其打造自身比较优势，从而形成独有的商业模式。

4.1.2　战略规划的 4 个基础前提

战略规划并非无根之萍、无本之木，其制定必须有一定的要素支撑，这就如同建造高楼大厦需要打牢地基、种果树庄稼需要准备土壤一样。战略规划的 4 个基础前提如图 4-3 所示。

图 4-3　战略规划的 4 个基础前提

（1）明确企业的使命和愿景

使命阐明的是企业存在的意义，即企业是什么，又为了什么而存在，企业所有的行动都要在企业使命的统领下进行。愿景则是对企业发展的理想状态的呈现，即企业将成为什么，发展至何种层次，是牵引着企业向前的力量之源。

只有明确使命和愿景并坚持不懈地向其靠近，才能够赋予战略规划以发展指导意义，不至于误入歧途。反之，若使命和愿景模糊不清，则战略规划也将难以对企业发展发挥积极作用。

（2）审视企业的核心价值观

价值观萌生自企业的经营实践中，是一种基于企业历史而产生的信念和精神特质，为企业提供了向前发展的基本遵循。它往往深刻影响着企业在决策中的价值认知与价值选择，从而构成了企业行为的底层逻辑，决定着企业长期的发展方向。

可以说，价值观规范着企业的行为，价值观管理是企业制度管理的拓展和补充，往往高水平的战略规划一定与企业的核心价值观相统一。比如，华为的“追求卓越、客户至上、持之以恒、担当精神”，美的的“敢知未来”都展现出了优秀价值观对企业内在信念的传达以及对企业发展的引领。

（3）把握企业发展的阶段特征

企业的发展是一个溯流而上的过程，只有始终保持正确的方向并源源不断地进行动力供给，才能确保不断向前发展。企业的发展要经历初创期、快速发展期、发展成熟期与衰退期等阶段。在不同的发展阶段，企业有着不同的发展议题，同时在难点痛点、资源禀赋、外部环境等方面也会有所不同，因而战略侧重点也随之发生变化，具体如表 4-1 所示。

表 4-1　企业在不同发展阶段的战略侧重点

发展阶段	战略侧重点
初创期	主要任务是确保企业能够迅速适应市场环境，实现有效存活，更加强调现金流
快速发展期	要注重竞争与扩张，打造比较优势，强调市场占有率
发展成熟期	更加注重积累增值利润，更加强调投资回报
衰退期	要注重企业的转型升级，解决市场份额趋于饱和、存量竞争加剧等问题，聚焦战略创新

（4）认知企业的资源禀赋

企业所有经营活动的本质都是对已有资源的整合与运用，而战略规划的核心就是对资源的规划与运用策略。因此，企业需要多层次、多角度、多方位地树立对自身资源的科学认知，其中既包括常规的资金、技术、人才、土地、数据等生产要素，同时也包括品牌、专利、渠道、标准等优势条件。

在进行认知评估时可以使用VRIO分析框架[1]，从资源的价值性、稀缺性、可模仿性和组织性等角度建立资源的多维雷达图，对整合出的优势资源进行重点运用，扬长避短提高综合竞争力。唯有如此，才能为战略规划提供翔实的制订依据与可靠的实施条件。

4.1.3 战略规划的5个影响因素

战略规划在横向层面上覆盖全局，在纵向层面上贯通始末，是一项对公司发展举足轻重的系统工程，而一些关键因素往往影响着战略规划作用的发挥，因此，企业管理者必须对这些因素予以重点关注，如图4-4所示。

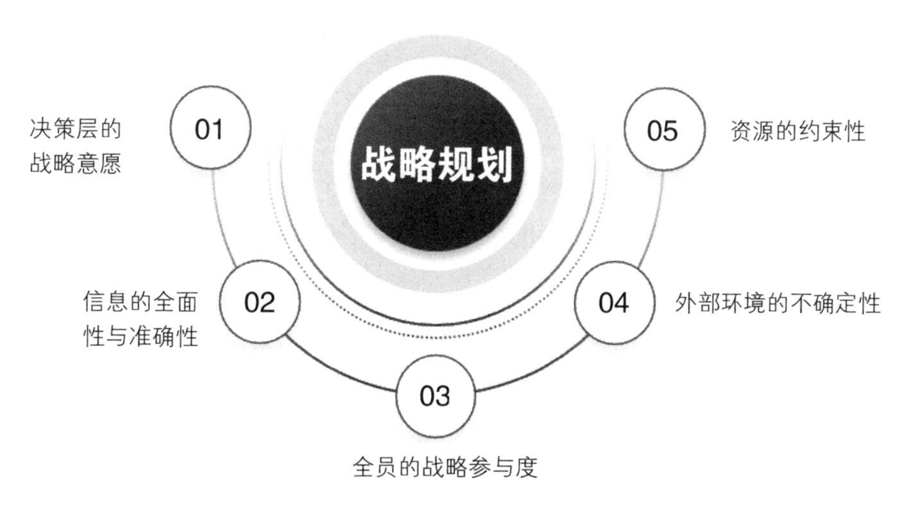

图4-4 战略规划的5个影响因素

[1] VRIO分析框架是一种用于企业内部分析的工具，VRIO是四个英文单词的首字母，V是Value（价值），R是Rareness（稀缺性），I是Imitability（难以模仿性），O是Organization（组织）。

（1）决策层的战略意愿

企业决策者是企业发展的掌舵人，其视野开阔度、发展洞察力与战略敏锐度直接决定了战略规划的格局层次。因此决策者应不断开阔自身商业眼界，提高自身的战略判断能力，以全局意识和系统思维进行公司的发展部署，要始终将战略议题作为公司发展经营的核心，在制定战略规划时要做到全过程把关，为团队起到垂范作用。同时，还要注重集体智慧的发挥，通过机制建设、氛围营造和绩效激励等不断吸收有利于公司发展的新想法、新建议。

（2）信息的全面性与准确性

环境因素是影响战略分析与决策的关键，因此必须通过对内外部环境信息的全面搜集来提供战略分析所需要的前提条件，尤其是要着重关注市场与前沿技术这两个战略分析的核心方面。同时，在进行信息搜集时还要充分注重信息搜集的效率，借助大数据、AI大模型等提升信息处理的及时性和准确度，以便为战略规划提供有效、可靠的决策参考。

（3）全员的战略参与度

战略规划是贯穿企业上下的系统性工程，既需要上层管理者的权衡与决策，也需要公司员工的参与执行。因此，必须实现战略意识对企业由上而下的全面渗透，培育企业全员对战略规划的认同感，树立企业内部共同向着战略规划目标前进的坚定信念，凝聚企业力量。同时还要进一步加强对战略内涵的解读，采用灵活多样的形式呈现战略规划的实施路径，并通过内部奖惩机制进一步形成内部拉力，激发内部活力。

（4）外部环境的不确定性

由于企业所处的外部环境瞬息万变，而外部环境变化所引发的种种不确定因素往往会对战略规划的稳定性产生干扰，因此管理者在规划制定过程中需要注意预留一定的调整空间，做好预案。同时，要提高敏锐性与警惕性，及时捕捉外部环境中可能会对战略规划产生影响的信息，提前进行已有战略的优化完善，做到有的放矢，增强战略规划对外部环境的适应能力。此外，还要从企业内部着手，推动结构优化与机制完善，提升企业的危机处理与应急应变能力，从而更好地抵御各类风险的冲击。

（5）资源的约束性

战略规划与资源禀赋形成了一种互依互存、彼此制衡的关系。一方面，战略目标的设定要参照当前已有的资源情况，如此方能保证其与现实的统一性；另一方面，战略方案的实施又反作用于资源配置，推动资源整合与配置能力的提升。管理者既要在已有资源的框架下进行战略的制定，确保战略规划敦本务实，同时也要注重发挥资源的组合效应，实现收益放大，更好地激发出现有资源的价值潜力。

4.1.4　战略规划的 3 大核心问题

在企业这棵大树的生长过程中，必须明确主干，唯有如此才能够聚集所有的资源实现企业的“向上生长”，避免“旁枝”“侧枝”干扰企业战略机会点的选择。企业发展的“主干”，即企业发展的主要方向与核心领域，只有对其进行明确，才能在确定最终战略机会点的过程中节省时间与资源，排除非必要的战略机会。

具体来说，企业的战略规划应明确 3 大核心问题，如表 4-2 所示。

表 4-2　企业战略规划的 3 大核心问题

核心问题	主要内容
Who am I	即企业是谁？主要指向企业的任务、企业进行价值创造的领域，也可以理解为企业存在的意义
Where to play	企业在何处寻求快速发展的机会（战略机会点），即企业的业务规划、发展趋势，也就是明确企业发展过程中的核心产业、发展产业和机会产业分别是什么。对“Where to play”的思考需要建立在“Who am I”的基础之上，即一个公司战略机会点的选择应该顺应公司的使命需要

续表

核心问题	主要内容
How to win	在前两个问题的铺垫之下，对于这一问题的解决则更加容易，其主要指向的是如何在明确的方案指引下通过行动实现战略目标，具体可细化为战略路径的选择、竞争策略的制定和竞争优势的打造

（1）明确企业发展的主要使命

在战略规划的3大核心问题中，“Who am I”起到主导作用，其所指向的是企业的价值与使命。

美国管理学家吉姆·柯林斯（Jim Collins）和杰里·波拉斯（Jerry I.Porras）在著作《基业长青》中指出，那些处于食物链顶端的企业往往都具有一个共性——“保存核心，刺激进步”。强大的企业往往能够迅速捕捉到外界环境中的用户需求变化、技术发展趋势、市场竞争情况，并提前拟定好应对方案，尽早布局，灵活应对危机，从而大幅提升企业的抗风险能力。

企业之所以具有如此强的环境敏锐性，是因为企业在使命的统领下形成了稳定的内核，围绕着使命所指引的发展方向以及价值导向，企业内部员工形成了对自身工作及企业未来的清醒认识，从而形成巨大的凝聚力，不断推动企业向前发展。使命全面回答了企业的社会立足点、阐述了企业所创造的价值和最终作用范围、明确了企业存在的核心意义，如华为的企业使命是“把数字世界带入每个人、每个家庭、每个组织，构建万物互联的智能世界”。

使命框定了战略选择的方向，而战略选择又指导着企业下一步的行动。企业战略的选择最终统一于企业使命，但涉及具体机会点的选择时，企业还应从以下两个方面进行考虑：

- 外部出现的机会点对其发展前景的影响如何，能为企业提供多大的价值增值空间；
- 结合企业自身的资源禀赋确定战略机会点，企业资源往往存在优势与短板，且能够支撑的战略机会点数量有限，因而要对外部机会进行对比梳理，在主航道的框定范围内选择最优机会点。

（2）从三个维度切入确定战略机会点

① 可能的市场机会

在挖掘可能的市场机会时，可以从以下方面进行分析：

- 主要机会所集中的领域。
- 每个领域中细分市场的情况。
- 哪些细分市场潜力最大。
- 这些机会的利益关联群体有哪些。
- 未来 3～5 年内的增长空间如何。
- 这些机会主要受哪些要素驱动。
- 如何确定其后续的增长活力。

同时还需要结合宏观环境与行业内部发展趋势，从成长空间、劳动力水平、竞争激烈度等方面对市场机会进行洞察。

② 主要竞争对手

在梳理主要竞争对手时，可以从以下方面进行分析：

- 在机会所存在的业务领域内，竞争对手主要包括哪些企业。
- 这些企业主要的利益关联群体有哪些，以及主要的产品特点与商业模式是什么。
- 与竞争对手相比，本公司具备哪些比较优势又存在哪些短板，企业自身在渠道、产品、口碑方面是否具有优势。

③ 市场吸引力和自身竞争力

综合市场吸引力和企业自身的比较优势两方面进行细分市场的选择，同时在选择过程中要明确企业想要通过这一细分市场实现怎样的目标，这一细分市场能给企业带来多大的增值利润，在品牌的口碑提升、渠道拓展、技术革新、产品升级等方面具有哪些意义。

（3）战略的制定和执行

① 了解用户的关键需求

思考目标市场用户在相关领域内的痛点是什么，最希望通过产品和服务获得哪些价值，如何快速与目标市场的用户建立高效联系，在竞争过程中需要对哪些要素予以关注，如何更好地发挥比较优势，在与对手的博弈中取得成功。

② 制定未来的三年规划

以三年为一个周期，进行细化目标的制定。对各细分市场的情况进行梳理，明确未来三年目标销售收入、主要业务和产品线，结合市场环境进行市场规划并确定营销模式，同时，始终保持对市场的洞察，及时跟随市场变化进行市场规划与营销方式的调整。

③ 做好相应的技术规划

产品升级迭代离不开技术的支撑，在完成产品规划的制定后，同时也要做好相应的技术配套，跟随产品规划的轨迹制定相应的技术路线图。同时，技术规划又可以围绕各细分市场的技术需求、用户关注的核心价值点及其所对应的技术支持等方面展开。

④ 优化企业的架构与流程

企业管理主要包括两个方面：一是组织结构建设；二是流程建设。通过组织架构的垂直化优化，能够更好地畅通企业内部各部门的业务交流渠道，更好地明确权责关系，构建职能全面、上下贯通的内部结构体系；通过流程建设，能够提升各业务环节之间的衔接紧密度，提升业务办理的效率。这两点一方面是出于企业自身“降本增效”的需要考虑，另一方面则是从用户需求的角度考虑，让企业管理能够更好地满足部分用户高交付速度、高准确性的需要。除组织结构和流程外，还应从机制方面入手更好地为企业提供驱动力，同时结合员工实际情况建立个人工作档案，做好用人规划，从而更好地发挥人才的积极作用。

以上就是企业战略规划所关注的 3 大核心问题，同时也是推动企业高效发展、可持续发展的关键着力点。

4.2　实践路径：战略规划的流程与方法

4.2.1　企业战略规划的 4 个步骤

战略规划是在战略分析的基础上，进一步对企业发展的各项影响因素进行细化评估，并据此对众多已有的战略方案进行筛选，选择出在针对性和实操性方面都极具优势的战略方案。这一环节决定了整个战略规划所能达到的高度，因此对管理者的敏锐度与判断能力都提出了更高的要求，需要管理者在对企业当前发展状况有着深刻洞察、对企业未来发展需要有着清醒认识的基础上选择最佳的战略方案。

企业的战略规划需要遵循 4 个步骤，如图 4-5 所示。

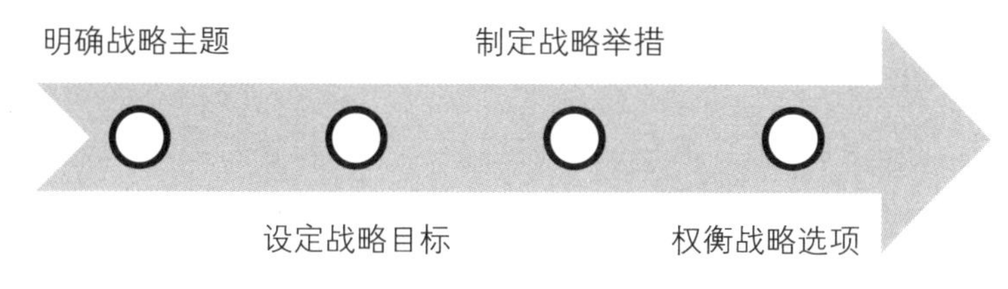

图 4-5　企业战略规划的 4 个步骤

（1）明确战略主题

在进行充分战略分析的基础上，以企业的战略意图为导向，明确一个简明扼要的战略主题，统领全局的规划与行动。如腾讯的“扎根消费互联网，拥抱产业互联网，推动可持续社会价值创新”、小米的“人车家全生态”等。

（2）设定战略目标

聚焦战略主题，对与之相对应的战略行动进行细化，结合企业的整体架构进行不同层级的使命目标设定，并相应地对各类资源进行分配，分别设立具体的营收目标、市场目标、能力目标等，形成经纬交叉、上下纵贯的目标体系。

同时，要确保这些目标清晰具体，较容易被衡量、可达成度较高、彼此具有关联性并具有一定的完成时限，即符合SMART（S为Specific，明确性；M为Measurable，可衡量性；A为Attainable，可实现性；R为Relevant，相关性；T为Time-bound，时限性）原则。

（3）制定战略举措

针对目标进行战略行动方案的设计，在设计过程中要充分保证方案的系统性和全面性，应涉及产品、市场、能力、资源等多个维度，并结合环境与资源条件明确实施的主要路径，针对目标的重点部分设立关键节点进行重点部署，同时做好能够提供具体的措施保障的预案。另外需要注意的是，所制定的方案既要具有较强的可实施性和操作性，同时也应具有较高的站位，能够发挥其指导意义。

（4）权衡战略选项

运用SWOT矩阵等分析工具分别对不同的战略选项进行分析评估，衡量其可行性。同时在对各个细分选项的评估过程中引入具体场景，提高分析结果与实际情况的匹配度，使用决策树对决策进行更好的主次梳理。在确定战略决策时既要具有魄力，在作出该决定的时候一锤定音；同时又要避免过于武断，留有一定弹性变化空间。

以京东方为例，在“创新引领、数字驱动、深耕物联、高质增长”战略主题的引领下，对行业的发展趋势进行充分把握，在综合审视自身现有资源及市场占有、产品特性等多方面因素的基础上，选择了将“坚持创新，尊重技术”和“坚持转型变革”作为核心的战略规划，以此为基础从新方向新领域开拓、内部管理体系优化、价值增长模式转变等方面设立具体的战略目标，并聚焦于物联网转型、数字化变革等方面进行具体行动计划的制订，确定了与自身发展最为适切的战略定位。

4.2.2　制定不同时期的战略规划

公司的发展是一个长期动态的过程，每个时间段内都有不同的发展主题，同时公司内部的业务大多不止一种，不同的业务在资源需求、组织方式、实施周期等方面都有所不同。因此，企业必须考虑到上述情况，采取多元化策略，针对不同阶段的发展特征进行相应战略规划的制定，否则会导致战略规划流程僵化死板，难以为企业的发展提供指导。

通常情况下，企业需要从长期、中期、短期三个时期维度进行战略规划的制定，如图 4-6 所示。

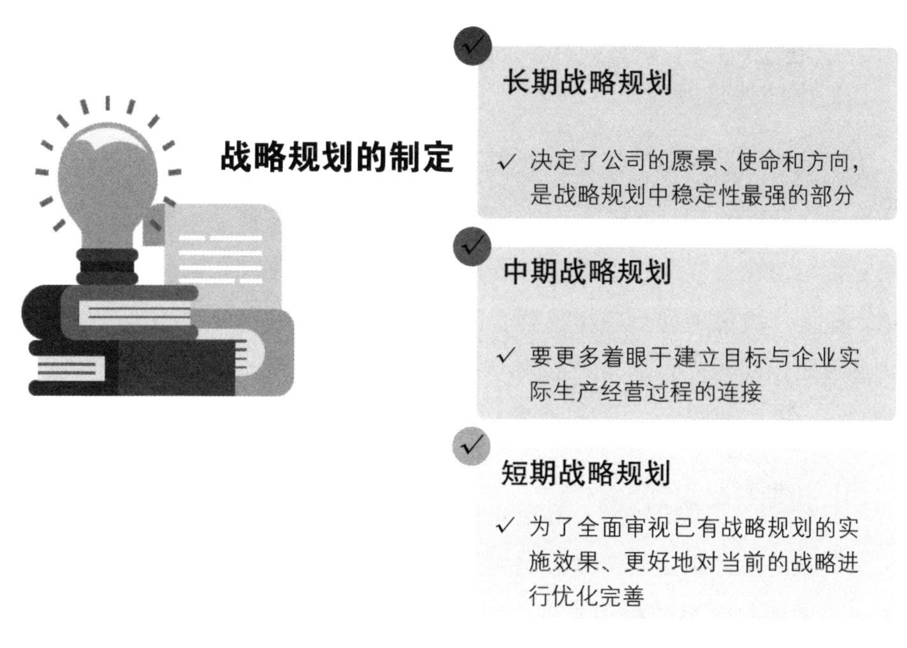

图 4-6　企业战略规划制定的时期维度

（1）长期战略规划

长期战略规划的制定决定了公司的愿景、使命和方向，是战略规划中稳定性最强的部分，其制定往往着眼于宏观环境发展趋势对企业生存的影响，比如，经济发展走向、技术革新情况与人口变化情况会将整体商业发展推向一个怎样的未来？未来环境变化会带来哪些机遇和挑战？公司现有的优势能否继续保持？公司的定位与增长方式是否会出现变化？这些问题的背后实际上都是对企业发展逻辑和市场边界的重塑。

以飞利浦公司为例，作为以消费电子发家的知名企业，近几年其业务却渐渐向医疗保健行业过渡，并逐渐呈现出向好之势。这是由其战略规划所决定的，在长期规划的制定过程中，公司决策层人员结合技术与人口发展趋势推测出人口老龄化的加剧和健身行业的发展将推动医疗保健行业成为新的商业蓝海，而传统消费电子行业则将趋于饱和，因此飞利浦公司在战略规划中将原有品牌与新领域进行融合。

（2）中期战略规划

中期战略规划的目的是在企业愿景与发展总目标的指导下，构建出战略规划实施的行动框架，一般涵盖3～5年的时间。中期战略规划的制定要更多着眼于建立目标与企业实际生产经营过程的连接，通过商业计划的制订来推动远景落地。比如，应思考如何确定远景实施过程中客户和地区的优先级，以及采取怎样的战略和路线实现公司发展远景目标，在开展行动的过程中该如何实现有效创新等。

（3）短期战略规划

短期战略规划制定的出发点是为了全面审视已有战略规划的实施效果、更好地对当前的战略进行优化完善，以推动企业整体能力和效率的提升。比如，相较于计划中预设的项目时间轴，当前对于项目的推进是否保持在合理的速度范围内？在计划的执行过程中，原有的条件是否发生变化？当前的战略计划是否还有进步的空间？总之，短期规划的核心是树立问题意识，进而通过讨论形成行之有效的方案。企业可以对待解决的问题进行主次排序，将当前存在的关键问题与新兴战略问题作为主要抓手，在解决过程中逐渐形成具体可行的计划。

显而易见，长期、中期与短期战略规划均需要在反复的审视过程中进行更新完善。而审视和复盘的频率则要结合企业所处行业的发展周期而定，如对于资源开采行业，长期规划的制定可以以十年为单位；而对于电子消费品行业而言，可能每三年就需要进行相应计划的调整。

此外，战略规划虽然主要从长期、中期、短期三个时期进行考虑，以便及时进行调整，让公司的发展能更好地适应外部环境的变化，但绝非仅仅局限于这三个时期。当前，越来越多的企业将“永远在线的战略”作为企业开展战略规划的一种新模式，即行政部门每月定期进行战略评估，有时会议的重点在于核心战略的研究，有时则围绕市场环境的变化对潜在的威胁、竞争对手等进行分析。

4.2.3　增强企业的战略迭代能力

战略规划是一项立足于全盘、着眼于长期的系统性工程，相对比较稳定，但在市场敏锐度方面有所欠缺，因而被一些企业的高管认为不具有实际意义，甚至主张将企业发展所关注的中心从战略规划转移到市场情报的制定和决策敏捷度的提升上来。

提升决策敏捷度固然能够更好地帮助企业在发展过程中及时应对市场环境的变化，作出各种调整，但做好战略规划是其前提和基础。决策敏捷度更多针对短期环境变化对企业经营策略进行微调，而战略规划则是从全局出发，运用系统化思维对企业发展的大方向、长期路径、可能遇到的潜在威胁等进行部署，从整体上对企业发展进行把握。因此，只有二者相互配合，才能够保证企业发展方向的正确和发展状态的平稳。

总的来说，战略规划的价值毋庸置疑，但是有的企业在具体的制定和实施过程中却难以抓住重点，使规划最终流于形式。不同企业的战略规划均需要基于企业的实际情况，不能完全照搬其他企业的模式，但可以对一些企业的成功经验进行总结，作为自身战略规划的参考。

战略规划不像某种技艺需要重复地练习，而更像是企业的创新研究，本质是要伴随企业的发展而不断迭代更新，从而制定企业未来发展的蓝图。换言之，在战略规划实施的过程中，增强企业的战略迭代能力十分重要。

某公司战略官上任后迅速对公司的发展痛点进行了了解，并制定了相应的战略规划，通过新任务流程的实施推动公司内部进行改革。在改革第一年，由于很多措施具有较强的开创性与变革性，因此推进过程较为吃力，但同时也取得了良好的效果。而自改革第二年开始，虽然相关方案的推进相比之前顺利了很多，很多工作都可以直接对上一年的成果进行借鉴，但与此同时产生的作用也大不如前。

企业的发展战略虽然是相对稳定的，但并非意味着一成不变。企业存在于不断变化的市场环境中，企业的战略规划自然也需要迭代。要挣脱案例中这种怪圈并非易事，一些企业寄希望于通过每年改进流程以避免公司战略规划的僵化，让其始终能够对公司的发展起到指导作用。比如，在第一年的战略规划中，聚焦于打破已有的业务流程；第二年则通过寻找低杠杆资产为新流程的建立做好准备；第三年则进行商业模式的变革，重塑发展模式。尽管这样做能够在一定程度上解决新的问题，但是每年都进行流程更改将会产生高昂的成本，同时一些固定性的流程变化意义不大。

流程的制定最终是为了解决问题，沿用旧的流程解决新问题时，新需求、新想法与新思路同时也会反向推动着旧流程的完善发展。但值得注意的是，这种方法的成功对问题的价值提出了较高的要求，只有对于那些真正反映出公司经营管理过程中的痛点和难点的问题进行解决，才能够真正让公司取得实质性的进步，达到流程优化与问题解决的双赢。要找到具有价值的问题，可以让企业的管理层充分参与其中。比如，让各部门的管理者列出对部门业务至关重要的问题，让企业高层管理者列出对企业未来发展举足轻重的关键问题。基于这些问题，企业的战略管理团队便能够进行战略的更新和迭代。

在企业的整个发展过程中，由问题驱动的战略更新实质上是反复不停的，而且有些问题的解决可能需要较长的时间，因此其可能不仅影响企业的短期战略规划，也可能影响中期战略规划乃至长期战略规划。

4.2.4　多元利益主体参与战略设计

一般情况下，多个相关利益主体参与制定的战略规划往往在效果上优于由单一团队所制定的战略规划。这是因为战略制定主体涉及的利益方越分散，其在制定过程中所考量的维度就越多，涉及内容也就越全面。当多个利益主体参与战略决策的制定时，战略决策团队会以协调者的身份负责时间确定、议程安排、人员培训等组织工作，对整个过程进行推进，同时还会对制定过程进行保密，并引导各方达成共识。

让更多的人参与战略设计，能够有效地维护战略制定者内部的利益，保持观念多元化，以便更好地进行思维发散，从而碰撞出更多建设性观点，确保战略规划的全面化、细致化。因此，为了进一步完善战略规划，一些企业会聘请客户、供应商等外部人员参与到战略设计的过程中来，让他们能够从外部的角度为战略规划提供切实可行的建议，不过有的情况下，他们的价值也可能无法发挥。

让更多元的利益主体参与战略设计，能够帮助企业跳出内部种种条件的桎梏，以更加客观、全面的目光审视战略规划所带来的价值，更好地认识企业面临的发展形势，抓住机遇，应对挑战，从而在竞争中获得先机，掌握主动权。尤其是随着当前市场竞争愈加激烈，以利益为纽带的战略团队在逐利本能的驱使下，以高度敏锐的市场嗅觉实现对市场的深刻洞察，发现新的竞争对手、商业模式和用户需求，而这些因素反过来又将对企业的战略规划产生直接影响。

同时，让利益相关人员参与战略规划的制定也有利于建立更加牢固的战略伙伴关系，提高其对战略规划的认知度与认同度，推动战略规划的顺利实施。比如，让各级管理人员参与到战略规划的制定中来，能够引起他们对战略规划的重视，加深他们对战略规划制定过程中各项选择的理解，还能使他们在推行战略规划的过程中获得成就感和满足感。

4.3 动态能力：VUCA 时代的动态战略规划

4.3.1 范式比较：理性派 vs 过程派

在 VUCA 时代，环境变化带来的不确定性和不可预测性影响着各行各业的发展。为了灵活应对环境变化带来的挑战，各个行业和领域的企业需要找到行之有效的动态战略规划方法，加强不确定性管理。

战略规划范式可分为理性派和过程派两种类型，且这两种范式在多个方面存在较大不同，如外部环境变化趋势的可预测性和最优战略等问题，如表 4-3 所示。具体来说，理性派是当前大多数企业选择的战略规划方式，能够为企业提供最佳战略；过程派突出表现企业内部和外部的不确定性，能够在一定程度上确保企业思维的灵活性，并革新相关流程和制度，赋予企业一定的环境变化应对能力。

表 4-3 理性派 vs 过程派

项目	理性派	过程派
环境认知方式	企业所处行业市场环境可预测，可通过趋势研究等理性的分析手段推演出一个确定的未来	行业往往陷入周期性动荡，使得外部环境高度不确定，环境未来的演化结果难以被精确预测
组织行为特征	认为企业由理性人组成，理性人通过推理可找到唯一的“战略最优解”，并能理解与执行战略	企业绝大多数行为是为应对突发情况的“应急对策”，这些对策并不见得是在执行既定的战略规划
战略管理原则	企业应基于“确定的未来”进行战略规划，找出适合企业的“战略最优解”后，让执行层行动	企业的实际行为更多是在应对各类突然的外部变化，因此需要保持企业的灵活性，动态调整业务策略

（1）理性派

在理性派的认知中，企业可以利用市场环境相关信息精准预测环境变化，并根据预测结果从大量战略中选出最佳战略。就目前来看，理性派范式的应用较为广泛，但却存在以下几个问题：

① 不确定性越来越强

随着外部环境的清晰度逐渐降低，以往的假设难以持续成立，不确定性越来越强，企业难以实现对未来的明确定义。

② 难以精准预测市场趋势

未来的不确定性导致外部环境不再线性发展，企业需要从众多可能的战略中找出并实施最佳战略，获得管理层预期结果的难度大幅增加。理性派范式发挥作用的前提是企业在未来一段时间内的执行过程呈线性发展，且具有可预测性，同时各项外部环境因素的演进也有规律可循，但在 VUCA 时代，经营环境不断变化，企业难以实现对未来市场变化趋势的精准预测，也无法确保继续推进当前业务战略仍能够获得预期结果。

③ 企业的应变能力受限

在理性派范式下，企业大多自上而下进行战略管理，执行层既不参与战略制定工作，也难以向上反馈自身感知到的外部环境变化。在理性派的认知中，执行层只需落实管理层提出的战略就能获得预期结果，但由于战略的制定与执行之间的联系并不紧密，执行层对战略内容的理解程度和认同感较低，企业的应变能力受限，难以快速适应不断变化的环境。

（2）过程派

过程派将行业动荡周期概念引入战略规划当中，指出行业环境存在平稳发展期和高度动荡期两种状态，且会按周期在这两种状态中快速切换，同时行业环境的变化也具有难以预测的特点。在平稳发展期，企业可采用理性派范式来制定和执行战略规划；而在高度动荡期，企业则需根据实际情况调整战略规划，一般来说，能够在高度动荡期中存活的企业相对较少，且大多为适应能力较强的企业。

过程派认为，为了能在动荡期中存活下来，企业需要提高组织的灵活性，并精准找出正确的变革方向，及时对战略规划做出符合实际情况的优化调整。

但过程派范式也存在以下几项问题：

- 行业动荡期具有较强的不确定性和难以预测性，各项因素不断变化，战略最优解的前提条件也可能会发生变化，进而导致这一战略规划难以继续发挥作用。
- 企业在行业动荡期通常需要借助大量资产推动战略变革，以便安全走过动荡期，坚持采用原有的战略规划可能存在更大的风险。
- 企业内部各方人员在战略变革方面的认知能力、理解能力、消化能力和执行能力参差不齐，因此在企业已经找准变革方向的情况下，也仍旧存在战略执行失败的可能。

1978年，明茨伯格在《管理科学》（*Management Science*）中提出了“应急战略”（Emergent Strategy）的概念，并指出采用理性派范式的企业在面临不确定性问题时通常需要临时制定应对策略，实际战略执行情况与战略规划内容并不相符；采用过程派范式的企业十分重视环境不确定性问题和行业动荡期的风险提醒，大多具有更强的应变能力，战略与执行之间的联系也更加紧密，能够针对实际情况对业务策略进行动态调整。

4.3.2 动态战略管理的特点与方法

传统理性派和过程派的战略管理如表4-4所示。

表4-4 传统理性派和过程派的战略管理

项目	传统理性派的战略管理	过程派战略管理
如何认知环境？	只要市场研究足够深入，行业市场的未来状态就能被精准预测	未来被定义为一组可能发生的情景，企业需要主动管理不确定性
如何规划战略？	管理层主导，根据确定的未来预期规划唯一的“战略最优解”	管理层与业务骨干讨论共创，基于情景制定战略、达成共识
如何执行战略？	只要扎实执行唯一的“战略最优解”，就能实现企业的既定目标	企业需根据自身所处环境的变化，进行灵活动态的战略调整

从表中可以看出，过程派的战略管理更契合 VUCA 时代的特点。动态战略管理通常将过程派理论作为理论基础，并呈现出以下三个核心特征：

- 管理具有不确定性。
- 管理层、执行层等各方相关人员共同构建组织。
- 战略制定和战略执行均可动态调整。

企业在制定战略时应识别外部环境中的各项不确定因素，全方位了解并考虑未来可能出现的各种情景，同时分析各种情景对业务的影响，以便对战略进行动态化管理，确保战略始终符合自身实际情况。

采用理性派范式的企业更加重视对外部市场环境发展趋势的研究，并积极探索各项外部因素（如市场规模、客户偏好等）可能的线性发展方向，以识别发展趋势、找出最佳战略和规划最佳战略实施路径。采用动态战略规划的企业已经充分认识到外部环境因素（如技术、客户需求、政策要求等）具有较强的不确定性，在制定战略规划时需要识别出关键不确定因素，并在此基础上对未来的各种可能性进行预测，进而实现对不确定性的主动管理。

理性派在落实战略规划时需要对管理层设置的目标进行分解，信息传递方向为从上级到下级，同时相关部门还需对执行层的实际工作情况进行监控。而在动态战略管理模式下，企业则需要安排管理层人员广泛采集各个产品线、事业部以及职能团队的相关工作人员对组织内外部环境变化情况的看法，并让这些相关工作人员参与到情景设定、战略研讨、战略制定等工作当中，加强管理层与执行层之间的沟通交流。

在动态战略规划过程中，企业需要通过召开多轮研讨会的方式来提高各级组织在战略制定方面的参与度，确保战略制定过程中所参考的信息尽可能全面，充分考虑各种战略制定背景，实现情景管理，以便提高各级人员对战略的认同感，让执行层能够充分理解战略内容，进一步提高业务运营的质量、效率、效果和效益，增强业务执行的灵活性。

除此之外，采用动态战略管理模式的企业大多已经充分认识到行业动荡期会频繁出现，为了安全渡过行业动荡期，需要采用动态化的战略方案，增强自身识别和追踪各项影响组织发展的不确定性因素的能力，从市场环境和自身运营情况出发，根据实际情况对业务策略和战略目标进行灵活调整，加强风险防控，对业务进行适时收缩或扩张。

4.3.3 动态战略规划的流程与要点

近年来，情景规划所受到的关注越来越多，许多企业管理者已经认识到了情景规划在动态战略规划方面的作用，并借助情景规划对供应链、市场布局、重大投资决策、产品 / 服务发展策略等进行优化调整。

在 VUCA 时代，企业可以围绕情景规划展开动态战略规划工作，从而有效解决业务发展战略管理、职能运营策略和重大事件应对策略三类问题，如表 4-5 所示。

表 4-5　动态战略规划可解决的三类问题

三类问题	主要内容
业务发展战略管理类问题	动态战略管理有助于企业灵活处理重大项目投资、产品定价策略以及组织与事业部之间的关系等方面的各项问题，进而帮助企业实现高质量的战略决策，达到优化战略执行效果的目的
职能运营策略类问题	企业中负责供应链、可持续发展、业务连续性管理等方面工作的职能部门可以充分发挥情景规划的作用，实现对业务运营不确定性有效管理，以便获得更高的绩效水平
重大事件应对策略类问题	企业可以根据发生的重大事件（如气候变化、地缘冲突、全球金融危机等）的发展趋势进行情景规划，制定体系化的应对策略，对重大事件带来的风险进行防范

罗兰·贝格（Roland Berger）战略规划就是一种动态战略管理方法，主要由问题定义、情景规划、策略制定和追踪调整四部分构成，能够为企业提供全新

的战略管理范式，提高问题解决框架的通用性，帮助企业解决在业务发展、职能运营和重大事件应对方面遇到的各项难题，让企业能够在减少成本支出的同时实现提质增效，进一步提高企业发展的可持续性，如图 4-7 所示。

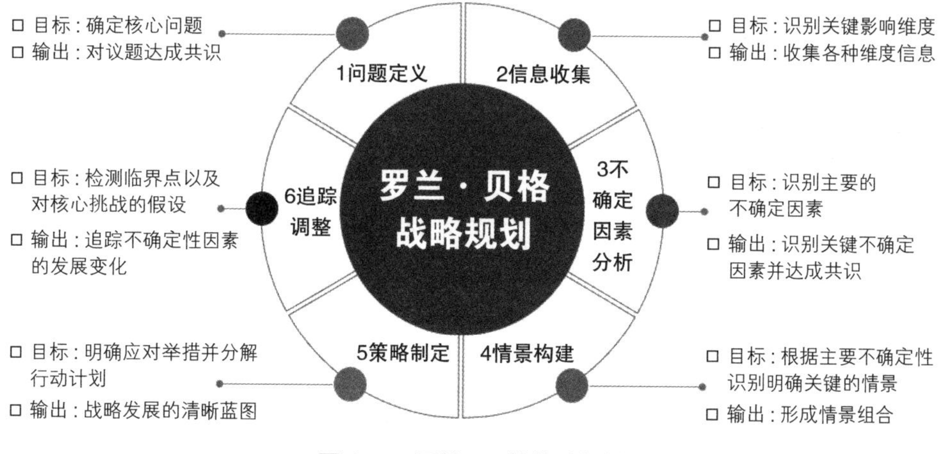

图 4-7　罗兰 · 贝格战略规划

（1）问题定义

问题定义指的是明确动态战略管理的管理范围、管理目的、时间周期和参与人员。

（2）情景规划

情景规划指的是企业内外部的各方人员通过信息收集识别关键影响维度，并进一步识别出影响未来发展的关键不确定性因素，找出未来可能出现的“关键少数”情景，并在此基础上统一意见，展开共创工作。其中，关键不确定性因素指的是可能会促使企业经营出现某种特定情景的影响因素，对企业来说，可以根据关键不确定性因素找出未来可能会出现的情景。

在情景组合的设置形式方面，企业可以按照从外向内的顺序，以市场环境为中心展开设置工作，也可以按照由内而外的顺序，对业务 / 组织的未来状态进行预测和设置。但无论采用哪种设置形式，都需要严格遵循以下原则：

- 不重不漏，确保各个情景组合相互独立，均具有不同的侧重点，同时，在最大限度上提高情景组合的全面性。
- 控制数量，对各类情景组合进行筛选，防止出现基于情景规划的动态战略规划过多的问题。
- 确保所有情景均具有在规划期内发生的可能性，且不存在违反常规的情况。
- 情景规划应具有指导企业决策的作用。
- 明确各个情景与各项不确定性因素之间的关系，以便企业据此对各种情景的未来发生情况作出预测。

（3）策略制定

在策略制定环节，企业应严格遵循以下三项原则：

- 保障底线：企业应对各种情景可能产生的后果进行分析，并有针对性地制定相应的应对措施。
- 厘定基线：企业应掌握制定决策和筛选策略的逻辑，分别找出各个情景中可以采取的策略，明确决策制定的侧重点，并在此基础上根据实际情况制定初版基线策略。
- 设计动线：企业应明确策略调整方法和策略调整时机，根据自身所处行业、实际业务情况等各项相关因素制定策略动线管理原则，并对具体问题进行深入分析。

（4）追踪调整

企业应对各项关键不确定性因素进行持续跟踪和监测，并根据实际监测结果进一步明确业务策略调整需求，确定业务策略调整方法。

在规划期内，企业需要对情景组合进行更新。具体来说，情景组合的更新主要涉及定期迭代、直接发生和主动增删三种情况：

- 定期迭代指的是企业按照一定的周期对情景组合进行更新，确保自身对未来的认知和判断准确全面且符合事实。
- 直接发生指的是某一情景直接出现在企业经营过程当中。
- 主动增删指的是为了实现绿色发展，企业从业务诉求和主观判断出发，增添或去除某些情景。

4.3.4　基于情景规划的动态战略管理

就目前来看，情景规划已经被广泛应用到能源、科技、工业等多个领域当中，为各个行业和领域中的企业有效解决在业务发展、职能运营和重大事件应对方面的问题提供了强有力的支持。例如，壳牌、三星和罗尔斯·罗伊斯均采用了基于情景规划的动态战略管理策略，并取得了一定成效，如表 4-6 所示。

表 4-6　动态战略管理实践案例

项目	对标厂商	动态战略管理举措	核心成果
业务发展战略管理	壳牌 赋能业务可持续增长	将情景规划用于重大项目投资决策，原则上要求重大投资在所有情景下的 ROI（Return on investment，投资回报率）都必须为正，赋能业务可持续增长。 持续监测不确定因素，结合外部环境变化灵活调整项目投资及运营策略	成功预测并应对两次石油危机。 化危为机，成为油气行业领导者
职能运营策略	三星 业务连续性精益管理	将情景规划应用于业务连续性管理，构建了一套指标体系，定期定量评估全球各业务据点的地缘风险，形成潜在风险事件。 持续监测追踪每个立项的潜在风险事件，形成各情景风险预案以便灵活调整运营	全球据点地缘风险的自适应评估。 全球业务连续性多年维持稳定

续表

项目	对标厂商	动态战略管理举措	核心成果
重大事件应对策略	罗尔斯·罗伊斯气候变化的应对策略	将情景规划用于气候变化应对策略，2018年利用情景规划分析气候变化对公司业务的潜在影响，基于影响评估制定各情景下的应对策略，每隔两年定期更新评估结果与风险预案	管理层将气候变化列为主要风险。 有效提升ESG（Environmental，Social and Governance，环境、社会和公司治理）战略的完备程度

(1) 壳牌：情景规划与投资决策

20世纪70年代，壳牌开始将情景规划用于动态管理重大项目投资业务，并将动态业务发展战略管理划分为以下三部分。

① 构建未来情景组合

壳牌主营油气开采、炼化等业务，通常需要以项目的形式来完成重大业务决策，管理层要求业务人员要对各个投入重大的项目进行深入研讨，并根据研讨结果进一步分析项目中各项关键不确定性因素，对可能出现的情况进行预测。

② 项目方案的全情景评估

壳牌会综合评估全部情景，并在全方位考虑各种潜在情况的基础上进行项目评估。例如，壳牌的管理层要求保障各项重大投入项目的收益，确保任一重大投入项目在任何情景下的回报率恒为正数。

③ 持续监测灵活调整

在项目运营过程中，壳牌的项目负责人会综合考虑所有情景，并持续监测影响各个情景的各项关键因素，根据实际监测情况对项目管理策略进行优化调整，在最大限度上提高项目效益，防范项目风险。

在基于情景规划的动态战略管理策略的作用下，壳牌有效增强了自身的感知能力、决策能力、领导能力以及战略规划与执行能力：

- 感知能力：壳牌可以实时监测各项不确定性因素，增强自身的环境感知能力，进而敏锐感知内外部环境的变化，提高环境把控力。

- 决策能力：壳牌可以综合考虑未来可能会出现的各种情景，确保项目在所有情景中都能够盈利，并针对各类潜在风险提前制定相应的防范策略，进而增强自身决策能力，提高业务战略决策质量。
- 领导能力：壳牌的管理层通过调整情景设定的方式改变原本战略规划的思考方向，并进一步增强自身的领导能力。早在1990年，壳牌的管理层就认识到了绿色发展的重要性，并要求将对“可持续世界”情景的分析添加到所有具有重大环境影响的新项目提案当中。
- 战略规划与执行能力：壳牌鼓励执行层参与到战略决策当中，同时管理层在战略规划过程中也会进行情景规划，并对各项重大项目进行情景分析，以便业务团队充分掌握各种潜在情形中的应对策略，实现对业务战略的深入理解，充分落实战略内容。

壳牌借助动态战略管理大幅提高了战略决策质效，多次化解行业变化带来的各种风险。以中东国家地缘风险带来的石油供给问题为例，壳牌通过情景规划实现了对这一问题的预判，并及时根据预判结果对油气炼化业务进行调整，减轻了原油供给不足造成的影响。

（2）三星：情景规划与风险控制

三星借助情景规划利用各项不确定性因素建立了一套具有地缘风险感知作用的指标体系，并利用该体系对世界各国的地缘风险进行实时感知和评估，借助情景规划进一步制定相应的风险缓释预案，进而实现对风险的动态量化管理，为业务运营和风险控制工作提供强有力的支持，充分保证业务的连续性。

三星全球研究所与外部的各个组织和机构展开合作，共同建立了一套可全量识别主要不确定性因素的国家地缘风险监测指标体系，并借助该体系实现对影响地缘风险的不确定性因素的有效识别和对各个业务据点的定期评估，充分掌握世界范围内的各个业务据点的风险指数信息，能够快速找出地缘风险迅速增大的据点并对其展开风险事件立项工作，从而及时进行风险防范。

在完成风险识别工作后，三星会根据具体识别情况进行情景规划，评估其对供应链和该国市场运营的冲击性，并根据评估结果构建情景矩阵，从中选出关键的未来情景，以便该国业务部门在此基础上制定相应的风险预案，不仅如此，三星还会对这些风险事件进行持续监测，也会从实际检测情况出发，对各项业务的运营策略进行优化调整，从而达到降低风险或减小危机事件造成的影响的目的。

(3) 罗尔斯·罗伊斯：情景规划与业务调整

罗尔斯·罗伊斯是英国著名的发动机公司，主要生产航空发动机、船舶发动机以及核动力潜艇的核动力装置等产品。该公司将情景规划法应用到动态战略规划工作当中，对气候变化造成的潜在影响进行挖掘和分析，并带动企业的管理层、业务层以及咨询顾问等各方相关人员共同参与到战略规划工作当中，根据实际情况设置了三种情景，并反复评估推演各个情景，且要求两次评估推演的时间间隔不超过两年。

① 情景一：对齐（温度上升＜2℃）

根据巴黎协定中的温控目标，全球各国应将全球平均气温较工业化前水平上升幅度控制在2℃或1.5℃以内。为了达成这一目标，各国政府开发相关产品和严格执行该行为标准，提升碳定价机制作用，加大对低碳替代品的战略投资力度；各国公民也认识到了减少碳排放的重要性，并配合落实低碳解决方案，支持绿色低碳发展。

② 情景二：分化（温度上升2℃～4℃）

各个经济体推进低碳经济发展的速度各不相同，因此在发展进程上存在一定差异，难以在国际政策和承诺方面建立共识。具体来说，部分经济体对碳排放控制持积极态度，主动采取相应措施进行减排，并加大对碳排放的监管力度，制定并实施碳减排相关政策，不仅如此，国家经济利益与气候承诺之间关系密切，二者之间的竞争方式也较为复杂。

③ 情景三：动荡（温度上升＞6℃）

在极端气温上升和灾难性天气事件的影响下，部分国家和地区为了应对气候变化制定了较为严苛的碳排放标准，同时对碳定价作出调整。

企业从多个业务维度（如技术、客户与市场、售后服务等）分析气候变化带来的风险和机遇，并在此基础上评估业务影响，以便全方位掌握各种潜在情景对业务体系造成的潜在影响。企业还需对以上三种情景的业务影响进行全方位评估，并将气候变化视作主要风险，同时深入挖掘和分析这三种情景的触发条件，据此制定相应的业务应对策略，从而实现对源于气候变化的系统性风险的防控。

与传统理性派相比，动态战略管理具有更高的韧性和灵活性，且执行难度较低，能够为企业的战略规划管理提供方便，在VUCA时代，基于情景规划的战略管理也将逐渐成为许多企业渡过行业动荡的重要工具。

第 5 章

战略实施

5.1　战略选择：企业战略类型及其路径

5.1.1　聚焦战略

迈克尔·波特在其 1980 年出版的《竞争战略》一书中提出了三种基本竞争战略——聚焦战略、差异化战略和总成本领先战略，这三种战略能够帮助企业在不同的市场环境中取得竞争优势。其中，聚焦战略也称专一化战略，指的是企业聚焦某一产品、某一类用户、某一细分市场等，并借此打造竞争优势，获取高额利润。

聚焦战略是一种备受学术界和企业界关注的竞争战略。就目前来看，相关研究人员在研究聚焦战略时，通常将业务聚焦作为研究对象，因为对企业来说，聚焦核心业务有助于提升效率和优化效果，加强对战略对象的关注和服务，从而进一步强化自身的盈利能力，赢得市场竞争的胜利。

业务聚焦有助于企业明确发展方向，但除业务聚焦外，要推动企业快速发展，还需要实现愿景、优势、组织以及人才的聚焦。

（1）业务聚焦：战略聚焦的直接体现

随着业务种类逐渐增多，企业需要作出的决策越来越多，对决策能力的要求也随之提升。但企业的能力必然存在边界点，擅长的领域也有限，若盲目跨领域发展，就可能出现超出能力以外的情况，进而导致遭遇风险和失控的可能性增加。由此可见，为了规避产业经营风险，企业在运营的过程中应该注意审视自身，找准并专注于适合自身的业务发展领域。

（2）愿景聚焦：树立企业航行的“灯塔”

在企业的运营中，企业的所有成员应该围绕整个企业的信念、宗旨和价值观等共同确定未来发展愿景，明确具有方向性的长程导向，并利用这一愿景引导和激励各级成员，达到预期目标。

从本质上来看，以“聚焦”为核心的组织战略在一定程度上违反了人的本性。因为随着企业运营的逐渐成熟和规模的日益壮大，多元化发展对企业的吸引力也会增大，战略摇摆问题便可能时常出现。但在共同愿景的指引下，企业的成员往往能够更加坚定目标，朝着既定的方向稳定发展。

为了确保在发展过程中聚焦主要业务，企业需要打造具象化的愿景，引导与激励各级成员在脑海中形成对未来情景的意象描绘，激发员工潜能，为企业的快速发展提供更多支持，同时也要明确具有较强指向性和策略性的战略方案，为实现愿景目标提供指导。

（3）优势聚焦：战略实现的持续动力

企业的核心优势具有稀缺性、延展性和不可替代性，且模仿难度较高，能够持续推动企业发展，促进企业业务增长。从实际经营方面来看，即便是在自身主营业务领域已经占据较大市场份额和竞争优势的企业，在进入其他领域后可能也难以获得成功，若因跨领域扩展而忽视了对主营业务的经营，还可能会出现失去原有领域的竞争机会、在新领域遭受打压、资源过度消耗等情况，严重影响企业发展的稳定性。

（4）组织聚焦：让战略实现更有效率

一般来说，组织涉及多项内容，如组织架构、流程、职责权限等。战略是影响企业发展的关键，在整个发展过程中起着重要的指导作用。为了确保战略的贯彻实施，企业不仅要确定核心业务，还要打造高效敏捷的组织，确保高质高效完成战略任务，达成战略目标。

为了充分落实组织聚焦，企业需要向扁平式管理模式转型，进一步简化管理模式，减少管理层次，扩大管理幅度，缩短纵横双向之间的协同路径，通过对管理模式的革新提高组织效率。

（5）人才聚焦：驱动战略聚焦的关键

① 做好关键岗位的饱和配置

一家优秀的企业应主动吸纳和培养优秀人才，并将其安排到各个关键岗位上。从实际操作来看，需要先衡量岗位的稀缺性和战略相关性，并据此判断该岗位是否为关键岗位，同时也要为优秀人才绘制人才画像，增强对优秀人才的识别能力，并懂得将优秀人才调到各自适配的关键岗位上。

② 做好关键人才的提前储备

人才配置是影响企业战略落实情况的关键因素，一般来说，人才配置主要包含当前业务人员配置和未来业务发展人员配置两项内容，即人才配置应符合战略安排和业务发展需求。

③ 提升优秀人才的密度

优秀人才的密度指的是优秀人才在所有员工中所占的比重，为了增加优秀人才数量，提高优秀人才所占比重，企业需要增强人才选拔和人才培养能力，完善人才供应链。

④ 加大对优秀人才的激励力度

优秀人才所具有的价值是难以衡量的，为了充分激发优秀人才的潜能，企业应该根据他们对企业的贡献情况进行激励，充分激发优秀人才工作的积极性和主动性。

5.1.2　差异化战略

如果企业为用户提供的产品或服务是难以复制的、价值独特的，那么就能够从一众提供同质化产品或服务的竞争者中脱颖而出，这也是差异化能在企业竞争力打造、行业金字塔形成中发挥关键作用的原因。

尽管差异化经营对于企业的意义体现在多个方面，但是很多企业的决策者对它的理解却很片面，比如认为差异化就是提供独特的产品及服务，或者是采取富有创意的宣传推广手段等，却忽视了从全局出发去探索具有差异化优势的价值链。

企业之间天然的差异并不一定能够发展为显著的差异化特征，这是因为企业自身的独特化打造往往与用户的期待存在脱节。此外，一些企业在差异化实施过程中往往会忽视这一战略实施的成本以及后续发展的可行性，这些都可能导致最终实施的是无效的差异化。

要想借助差异化战略帮助企业获得竞争优势，可以参考以下步骤，如图 5-1 所示。

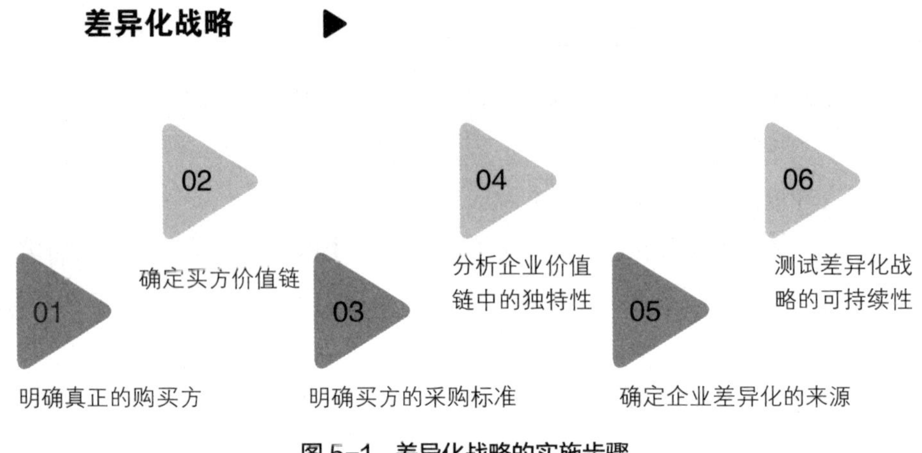

图 5-1　差异化战略的实施步骤

（1）明确真正的购买方

迈克尔·波特曾提出，真正的买方并非作为购买者的企业、机构或家庭，而是能够认定产品应用标准与最终价值的个人，即产品的最终触达者。此外，除最终消费者外，渠道商也是真正的买方。

波特这句话的核心观点是：个人是产品的真正买方，被购买的产品的应用标准与价值认定是这个作为终端用户的个人决定的。因此，企业在应用差异化战略的过程中，首先应精准定位购买方，即终端用户。

（2）确定买方价值链

买方价值链决定了企业和产品能够为买方创造的价值，当企业能够对买方价值链施加影响时，就意味着除了产品之外企业还能够通过其他方式与买方构建利益链接，而这种利益链接又将反作用于企业与买方的买卖关系，以复购、关注品牌其他产品等形式表现出来。因此，企业一方面要探索能够有效作用于买方价值链的关系，另一方面也要思考如何通过买方价值链对自身的反作用来建立优势。此外，渠道商在买方价值链与卖方价值链中的作用也是不可忽视的，其通过对各方关系的调节能够确保整个系统处于相对稳定的状态。

（3）明确买方的采购标准

买方的价值链中蕴含着与买方采购标准有关的关键信息，通过深度洞察可知，应用标准和价值信号标准是买方采购标准的两种表现形式。其中，前者决定了企业产品能否被买方选择，而后者则决定了品牌能否通过占领买方的心智从而长久地留住买方。

在对买方价值链进行剖析的过程中，可能会发现一些采购标准并不能被买方充分理解，因此企业也难以有效提供被买方认可的价值。此时企业需要采取措施加快买方对这些标准的认知，比如通过运营手段或链接企业价值链等方式对这些标准进行清晰化处理。

需要注意的是，采购标准主要是从买方价值链中分析提取而来的，除此之外，与买方的交流、企业的运营经验也是其重要源头，且这个过程并非线性的，而是需要经过反复推翻与重建，才能最终形成买方采购标准。

（4）分析企业价值链中的独特性

差异化可能被蕴含在企业价值链的各个环节中，企业需要深入挖掘价值链上的各项活动是如何作用于各项采购标准的，同时结合竞争对手的条件对自身资源与要素禀赋进行审视，挖掘企业的独特资源并有意培育独特业务。此外，企业还需从用户、企业资源、企业定位等方面寻找企业独特性的动力来源，从而解决差异化的可持续性问题。

因此，必须建立起企业价值链中相对于竞争对手价值链的比较优势，以便更好地洞悉企业价值活动对于买方的作用模式，并获得创造全新价值链的灵感。此外，还可以在价值活动的实施方面引入创新思维，如通过对照学习来探索针对同类产品的出售模式。

（5）确定企业差异化的来源

差异化成本是指企业为了打造差异化优势而投入的成本。为了更好地形成品牌辨识度，企业通常会拿出一部分成本用于特定的活动投入，尽管这些成本可能在企业总成本中所占的比重并不高，但它们确实也是一笔不容忽视的支出。从所投入的要素优先级来看，一些差异化战略的实施往往需要大量高级别要素的投入。

（6）测试差异化战略的可持续性

如果差异化战略实施后不能保持其独特性，或不能将模仿该战略的成本拉升至让竞争对手望而却步的高度，那么它所提供的长期价值也就无从谈起。只有通过一定的方法实现买方价值的相对固定，才能够保证战略实施的可持续性。在进行可持续性测试的过程中，企业需要关注竞争对手模仿成本、可持续性成本等要素。换言之，差异化战略的实施离不开对独特性资源的运用、对买方价值链的洞悉以及对竞争对手模仿壁垒的抬升。

5.1.3 总成本领先战略

总成本领先战略的核心是通过降低成本获得竞争优势，涉及“可控成本领先”的概念。在总成本领先战略的作用下，企业需要充分利用过往经验，在最大限度上控制成本与费用，而非仅凭降低成本来建立短期成本优势。

总成本领先战略的实施，需要企业采用比竞争对手更低的成本，这既能够获得更大的价格变动空间，在一定程度上增强自身对竞争环境的适应能力；也能够在保障自身利益的同时起到威胁对手的作用，从而进一步强化竞争优势。

（1）企业成本分析

在落实总成本领先战略的过程中，企业需要从开发、生产、销售、服务、广告等多个方面入手，加强成本控制，在最大限度上减少成本支出。

迈克尔·波特认为，总成本领先战略中的“领先”是相对于竞争对手而言的。但短期成本优势并不足以支撑企业实现可持续发展，因此，总成本领先战略还融合了“可持续成本领先”的概念，即需要企业在保证利润的同时最大限度压缩成本，利用低成本来获得持久的竞争优势。

具体来说，总成本领先战略可划分为低价低值战略和低价战略两个层次，如图 5-2 所示。

图 5-2　总成本领先战略的两个层次

① 低价低值战略

从表面上来看，低价低值途径缺乏吸引力，但许多企业仍旧选择这一途径，并获得了良好的经营成果。在低价低值战略落地的过程中，企业需要重视细分市场中的价格，因为对目标用户来说，即便已经明确知道产品或服务的质量不高，也仍旧可能会为了低价选择购买该产品或服务，由此可见，当用户对价格的重视程度超过产品或服务的质量时，低价低值战略将发挥重要作用。

② 低价战略

低价战略指的是降低产品或服务的价格，但并不改变产品或服务的质量，这也是部分企业在推动总成本领先战略落地的过程中常用的一种手段。

（2）企业成本控制

在总成本领先战略的作用下，企业需要建立有效规模的生产设施，积累更多生产经验，并基于此进一步压缩成本，加强对各项费用的控制，将各个价值链环节的成本降到最低水平，从而达到大幅降低综合成本的效果，在行业内建立起较强的成本优势。

从战略内涵上来看，规模效益和经验效益是影响总成本领先战略实施效果的重要因素。具体来说，一方面，随着生产规模的扩张，单位产品的成本逐渐降低，企业可以通过扩大生产规模来获取经济效益；另一方面，当生产数量越来越多时，企业员工在生产和管理方面所积累的经验也会逐渐增多，技术水平和生产效率也会不断提高，单位时间内的合格品产量越来越高，单位产品的成本随之下降，企业便可以从中获得更高的经济效益。

总成本领先战略融合了“可控成本领先”的概念，支持企业通过加强内部成本控制的方式建立长期成本优势。若要成功实施该战略，企业就要明确用户最看重的产品和服务的特征，并充分满足用户需求，也就是说，企业必须建立可持续的低成本优势，并限制竞争对手对这一优势的模仿行为。

根据迈克尔·波特的观点，产业结构方面的差异是影响企业打造成本优势的关键。对企业来说，造成产业结构差异化的因素涉及多个方面，如规模经济、专利技术、原材料优惠等。为了确立自身在成本方面的优势地位，企业需要最大限度地开发成本优势来源，从各个来源中获得更多成本优势，并在此基础上建立起绝对的成本优势。

竞争优势大致可分为两种类型，一种是因同质商品低成本生产形成的低价格竞争优势，具体来说，就是当价值相同的同质商品的价格存在差异时，具有较大成本优势的企业往往能够获得更高的利润；另一种是因商品异质性形成的竞争优势，具体来说，就是当异质商品的价值相近时，具有较大成本优势的企业可以通过适当降低利润的方式来吸引更多用户，提高市场占有率，进而获得超出平均水平的收益。

与普通的企业成本管理战略相比，总成本领先战略具有以下几项特点，如图 5-3 所示。

① 动机方面

实施总成本领先战略的企业的动机是建立和强化行业竞争优势。从竞争的角度来看，企业不仅要注重日常的基本管理，还应认识到成本是一项影响着企业的战略选择、战略制定和战略实施的关键问题，应加大对成本问题的重视，积极探索建立成本优势和竞争优势的方法，积极推动总成本领先战略落地。

图 5-3　总成本领先战略的特点

② 思想方面

实施总成本领先战略的企业应树立节约思想，充分利用自身的资源条件，在最大限度上提升资源利用率，利用有限的资源获取更大的经济价值。从市场经济的角度来看，节约成本符合买卖双方的诉求，在产品或服务的质量不变的情况下，低成本既可以提升卖家的利润水平，也可以在一定程度上降低产品或服务的价格，为买家带来实惠。

③ 参与度方面

实施总成本领先战略的企业要求所有员工参与到战略实施当中，也就是说，在整个企业中，不仅财务人员需要按照考核指标来控制成本，各级员工也要具备节约成本的意识。企业可以从素质、技能、主动性和成本管控能力等多个方面入手，对员工进行管理和培训，将节约意识深入到所有员工心中。

④ 综合成本控制方面

实施总成本领先战略的企业需要对经营活动所涉及的各个环节进行成本控制，从设计、采购、生产、销售、售后服务等多个环节入手，减少成本支出，在最大限度上降低综合成本。

5.1.4　一体化战略

要想获得竞争优势，除上述迈克尔·波特提出的三种基本竞争战略外，企业也可以采取其他有效的竞争战略，比如一体化战略。一体化战略即企业聚焦于前期积累的产品影响力、技术引领力和市场统治力，进一步深挖经营潜力，扩大市场覆盖范围。

这一战略能够推动企业的分工细化，释放资源与要素活力，实现资源与要素的深度利用。从战略方向上来看，一体化战略包括纵向一体化和横向一体化，如图 5-4 所示。

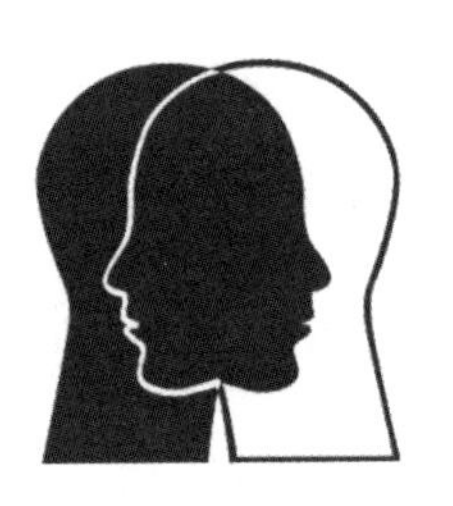

图 5-4　一体化战略的类别

（1）一体化战略实施的理论依据

一体化战略实施的理论依据主要有三个。

① 市场内在化原理

当打通业务链上、中、下游的各个环节后，这些环节所涉及的企业将会形成一个内部市场圈层，在一定共同利益的驱使下将会大幅降低交易成本。

② 设施的不可分原理

这一原理的支撑性理论——设施基本产出规模和规模经济性原理共同指向了同一个事实：企业的规模越大，其获取固定单位价值的投入成本就会越低。

③ 协同效应原理

当企业对不同部门内的相同职能部门进行整合时，就能够进一步提升对资源和要素的利用效率，完成固定任务量的成本相较于整合前将大大降低，且部门执行力及管理效能也将有所提升。

(2) 纵向一体化战略

纵向一体化战略，即垂直一体化，是指处于同一生产链条、彼此业务存在衔接关系的企业所进行的一体化，其生产经营规模的扩展主要体现在生产和供销两方面，前者从源头上增加产品的数量和种类，后者则是占领更大的市场。纵向一体化是一种典型的链条式体系，该体系下的价值传递是逐级累积的，企业在进行战略计划制订时可以通过整合垂直业务链以实现产业经营的纵向拓深。

纵向一体化战略的本质是实现贯穿原料供应、生产制造、产品分销全产业链条的控制，以便于企业能够更好地对各个环节的资源进行配置，从而达到降本增效的效果。绝大多数企业在发展过程中会将纵向一体化纳入战略发展计划之中，但实施这一计划的前提是对该计划有充分的认识，并能够采取合适的措施对其实施风险予以规避。纵向一体化通过贯通全产业链条的各环节来实现企业规模的扩大，从而更好地进行资源的整合与配置，同时提升市场信息在整个产业链条上的传递速度，以此提高研发端对市场反馈的灵敏度，最终实现经营成本的降低和产品上限的提升，进而打造企业优势。

纵向一体化战略包括前向一体化和后向一体化两种模式，具体如表5-1所示。

表5-1 纵向一体化战略的两种模式

模式	要点
前向一体化	指业务顺着价值的传导方向流向市场端，延伸至产品销售或服务提供领域
后向一体化	指企业逆着价值的传导方向，向着产品或服务生产前端的原料供应及初始服务提供领域拓展

纵向一体化战略的优势主要体现在以下几个方面：

- 降低企业内部业务成本。
- 实现企业内部资本整合与高效配置。
- 进行风险稀释。
- 有利于拓宽业务面。
- 形成企业比较优势。
- 提升内部服务与管理效能。
- 促进各环节分工的精细化、专业化。
- 提高人事管理效能。

纵向一体化战略的劣势主要体现在战略风险和战术风险方面：

- 战略风险包括：原来某一固定环节的资源供应减弱；原有市场影响力减弱；与供应商的对接压力提升；难以集中资源对新技术与市场趋势进行研究。
- 战术风险包括：供应商选择错误；难以形成合适的经营模式对各环节进行协调。

（3）横向一体化战略

横向一体化战略，即水平一体化战略，是指处于同一产业链同一生产层级的不同企业隶属于同一集团（品牌），这些原本相互竞争的企业通过企业兼并或联合组成一个更大的经营共同体，以此实现共同市场占有率的提升，降低内部经营成本。因此，当市场生存难度较大时，企业会倾向于选择此种战略。

横向一体化战略的优势主要体现在以下几个方面：

- 实现经济规模的扩大：通过同类企业间的兼并或联合，能够获得良好的规模扩张效果，从而实现内部管理资源的优化配置，降低内部业务成本。

- 提升市场竞争力，获得市场主导权：通过收购同类企业，能够达到“化敌为友”的效果，增强自身实力，扩大市场占有率，提高企业的发展韧性。

横向一体化战略的劣势主要体现在以下几个方面：

- 涉及多个不同企业之间的部门整合及管理，隶属关系难以厘清，管理难度较大。
- 市场占有率过高易被政府相关部门判定为垄断而受到处罚。
- 其他企业可能会组成类似的企业联合体进行抵制，无形中培养出了强大的对手。

5.2 战略解码：从战略制定到战略执行

5.2.1 战略解码的问题与原则

战略解码是连通战略规划与战略执行的桥梁，其本质是将整体的、方向性的战略行动通过方式选择、流程梳理、工具辅助等手段进行细化，转化为具体可行、有着明确执行标准与执行原则，能够被分配到各个部门与岗位的具体部署，让战略能够被有效地贯彻落实。

（1）战略解码的常见问题

① 职能战略缺失

在战略落实的过程中，很多企业往往按照内部业务架构进行相关工作的部署安排，这就容易造成实际的战略任务执行缺乏职能部门的组织协调，使得一些需要企业的人力资源、研发、生产、网络运维等部门配合完成的任务因缺乏支撑与协调而出现执行断层、工作难以整合的情况。

② 业务战略和职能战略缺乏协同

即使在早期的安排部署计划中已经分别对业务战略和职能战略进行了相应的规定与安排，但是仍造成了二者的割裂，使得业务部门与职能部门因缺乏有效的沟通渠道、统一的执行标准以及同一层面的战略认知而难以相互配合。比如，职能部门人员难以对业务部门的工作进行深入认识，从而导致一些本应是全局性、统揽性的工作部署被局限于部门角度的、基础性的工作安排所替代，战略解码工作缺乏企业全局角度的资源统筹与人员配合，最终难以顺利落地。

③ 未能实现分解到每一个人

由于缺乏相应的组织方法及管理工具，很多时候战略分解往往止步于部门层面，难以细化到个人。而从部门到具体岗位缺乏进一步的工作细化，导致战略最终只能关涉决策者及高层管理人员，无法辐射到中层与基层员工，造成决策者构想、高层认知与基层行动出现脱节。

④ 缺乏机制和资源保障

未能将战略与员工的切身利益相关联，缺乏 KPI 考核目标、企业激励等绩效考评机制和奖惩激励机制与战略相互绑定，导致即使高层重视战略，但战略仍旧无法向下渗透，难以引起中低层人员的重视。此外，缺乏定向性的财务匹配，容易导致战略在实施过程中缺乏资本支撑，不具备有效落地的条件。

（2）战略解码的主要原则

在企业战略解码的过程中，如果想要避免上述的各种问题，就需要遵循一些基本原则，如图 5-5 所示。

① 纵向分解到位

如果要实现战略任务自上而下的贯通，那么对于战略的分解应辐射公司、部门和岗位三级，并依据实际情况分别进行公司战略、业务战略和职能战略的制定，从而构建层级清晰、覆盖全面的纵向战略任务树。

② 横向协同一致

在端到端的业务运作流程的支撑下，职能部门战略需要树立一定的全局性与系统性思维，与各业务部门及具有协同关系的其他职能部门做好配合，发挥统筹组织功能，从而为公司的战略落地与业务运转提供保障。

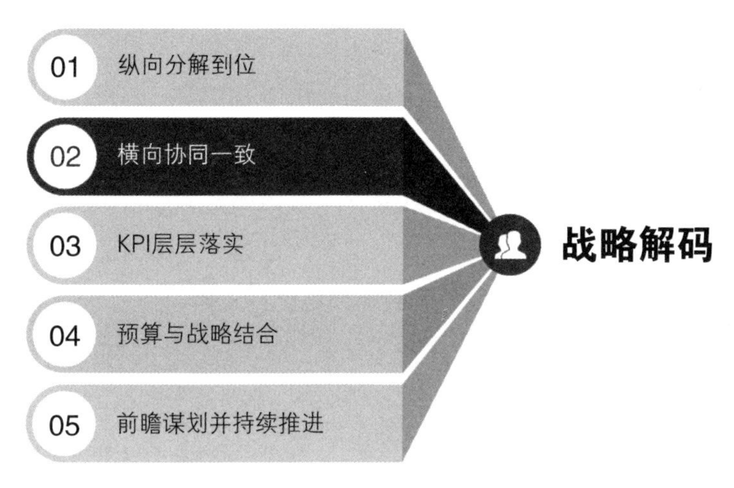

图 5-5　战略解码的基本原则

③ KPI 层层落实

通过 KPI 指标分解，实现绩效与公司战略的绑定，加强公司目标与各部门工作目标的融合，以部门组织绩效目标对公司目标进行承接，并将公司目标纳入部门个人绩效承诺的制定中。在进行 KPI 指标制定的过程中应注重均衡性，可以使用平衡计分卡保证考察维度的全面性。此外，对于需要多部门协作、存在彼此关涉性的指标，应在制定之初就明确责任共担原则，从而真正凝聚起战略执行力量。

④ 预算与战略结合

各类要素资源的投入需参照公司战略规定，合理分配各个领域与方向的资源投入。在公司战略导向的统领之下，企业应为公司战略实施配备专门的财务管理岗位及考核方式，做好财务预算的管理。此外，在企业的运营实践中，很多用于未来企业发展的财务预算往往被用于解决短期事项，且在使用后不能及时补充。因此还应保证战略预算资金的相对固定，避免其因为短期的经营失利被削减或撤销。

⑤ 前瞻谋划并持续推进

战略解码的过程同时也是一个凝聚企业力量、构建企业内部协同配合机制的过程，这一过程对企业的组织和协调能力都提出了较高的要求：一是要具有全局性眼光与系统性思维，能够做好各个部门之间的业务组合安排，实现全局资源的灵活高效配置；二是要为战略落地提供体系支撑，配备具有高服务供给能力的研发团队、营销网络以及机制流程设置。

从战略计划制订完成到上述软性支撑条件的完备大概需要3～5年的时间，且需要经过多次迭代与反复，因此要求决策人员具有一定的前瞻性眼光和战略定力，并能够统领各条发展线路上的战略目标推进工作。

5.2.2 战略解码的流程与步骤

（1）公司战略分解至各业务部门

对公司的中长期战略进行回顾，让各业务部门对公司的发展路径、目标定位、核心策略进行梳理，并将这些内容作为业务战略制定的参照，结合各个不同业务部门的发展实际形成相应的业务中长期发展战略，所制定的战略应包含对市场形势的认知与分析、目标导向、核心策略、要素配置需求等内容，最后交由公司评判。

（2）职能部门承接公司战略和业务战略

参照公司战略和业务战略，立足于业务运作实际，由在企业内部具有总揽性功能的职能部门制定相应的职能战略，为公司战略和业务战略创造相应的实施条件。考虑到职能部门对于各业务部门工作的认识可能难以深入以及战略大局观有限，企业在职能战略制定的过程中应注意以下几方面的问题。

a. 应注意将职能战略与部门日常的工作规划或部门计划进行区分，聚焦于“战略”二字，树立全局性眼光与系统性思维，结合公司整体发展的情况从职能的角度提出具有引领性、前瞻性的问题。

b. 职能战略服务于公司战略和业务战略，因此在制定职能战略时必须综合考虑公司战略和业务战略，思考该如何为公司战略或业务战略提供支持。

c. 那些对于公司架构有着直接影响的部门，如人力资源部门，其职能战略的制定往往关系着公司后续的职能部门调整、管理模式改革以及企业转型等方向性发展事项，该类战略的制定往往需要一定的时间进行探索和积累，因此可以适当将战线拉长，同时定期与业务部门展开深入探讨，找准不同变革阶段的着力点。

d. 应将职能战略规划放置于未来发展背景下进行全面审视，聚焦于未来 3～5 年的中长期职能战略发展目标，深入探讨其实现路径，明确其发展的优势、短板、可能遇见的危机以及达成目标所需要的资源支撑。

（3）制定年度经营计划并明确重点工作

通常情况下，企业以年为单位对战略进行分解，在敲定每一年大致的战略发展内容后着重制定首年度的战略目标与发展路线，随后由各个业务部门对首年度的战略目标进行承接，结合部门和业务发展实际将年度战略融入部门的发展计划中，该计划应细化至年度目标、关键行动方案及资源与条件准备等，在通过公司评估审核后与公司的年度计划相结合，形成公司的年度经营计划。年度战略引领下的年度经营计划应满足统领性强、落地性强的特点，既能够提供一定的方向指导，又能够组织各项工作任务顺利派发、落实。

从内容上看，年度经营目标应包括三个方面：一是发展眼光下的公司目标、绩效要求等；二是对当前市场形势、业务背景的分析，如市场机会点等；三是结合前两点对工作的具体落实，即各个部门的细分任务、重点工作、开展方式等。同时，年度经营计划又为战略部门敲定具体的战略实施方案提供了方向。

（4）确定组织绩效并编制预算

年度经营计划和关键工作是制定绩效与全面预算的重要输入。组织绩效的设定需要与年度经营计划的实施保持统一，同时年度经营计划和年度重点工作中涉及的关键实施原则、组织要素与考核标准又决定着组织绩效指标的设定，与平衡计分卡的四个维度共同规范着企业员工的工作行为与工作内容。绩效指标与目标的设定完成后将被派发至相应的部门、个人，成为具有执行动力的 KPI 或 PBC。

在战略部门的主导、人力资源部门的配合下制定出科学合理的组织绩效后，战略解码随即进入下一个阶段——预算编制阶段。预算即企业的资源投入，包括人员、物资与资金。财务部门是企业内负责预算编制的主体部门，但由于预算是战略实施的支撑条件，其制定过程中还需要深度参考战略部门的意见，在一些关键问题上还要与战略部门协同解决。

预算编制的生成方法主要包括以下三种，如图 5-6 所示。

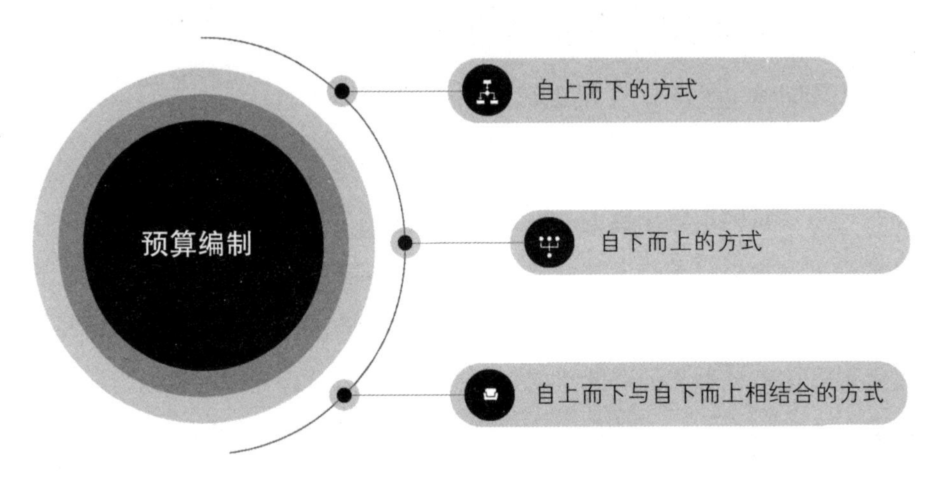

图 5-6　预算编制的生成方法

① 自上而下的方式

本质是一种目标下达制，上层部门根据所制定的目标进行预算计算，然后分配至各个部门。这种方式的优点在于这是一种垂直的预算编制方式，清晰简洁，同时也更加透明。但由于其是一种前置决策性的编制方式，对财务部门有较高的能力要求，需要其能够深刻理解市场形势与各部门业务工作，一般被一些发展较为成熟、管控严格的企业所采用，对于普通的公司，使用这种方式很容易出现决策失误而造成损失。

② 自下而上的方式

即由下层各个业务部门结合部门战略与计划进行资源投入计算，向上层层汇集得出企业全面预算，公司层面在预算总金额、各部门预算金额上会进行约束。此种方式的问题在于缺乏行之有效的规范原则，虽然能够更贴合各部门业务实际，但是也会削弱预算编制的整体性，导致出现资源难以整合、利用率不高乃至浪费严重等问题。

③ 自上而下与自下而上相结合的方式

为了更好地保证预算编制的科学性，减少资源浪费，现实中的企业往往采用自上而下与自下而上相结合的方式进行预算编制，聚焦于年度经营计划与年度重点工作。首先公司内部通过自上而下的目标下达为各层级、各部门提供相对具体的预算编制指导，随后各个部门依据预算编制指导展开细化的预算编制，做好部门工作实际需要与上级预算规范之间的平衡，再经由战略部门与财务部门的协调最终形成成熟的预算编制。

此种方法虽然需要投入更多的时间，涉及所有部门的协调沟通，编制周期较长，但是可行性高，所生成的预算方案实施风险更小，能够提高战略与预算的结合度。

5.2.3 战略解码的工具与方法

（1）平衡计分卡

罗伯特·S·卡普兰（Robert S.Kaplan）和大卫·P·诺顿（David P.Norton）共同开发出了平衡计分卡（Balanced Score Card，BSC），就目前来看，该工具已经被广泛应用于全球多个国家，在绩效考核方面发挥着十分重要的作用。

具体来说，平衡计分卡在衡量绩效方面的四个维度分别如下所示。

① 财务维度

在财务方面，企业需要满足股东和投资者对公司绩效的要求，最大限度地放大股东价值，而反映公司绩效情况的第一类指标就是财务类绩效指标。一般来说，企业可以使用财务类绩效指标来衡量各项经营活动的成果和自身创造股东价值的能力。

② 用户维度

良好的经营情况有助于企业满足股东和投资者的要求，为了获得更好的经营效果，企业需要加大对市场需求的关注，通过提高产品及服务的质量以及降低定价等方式来提升用户满意度，为用户提供更好的产品和服务，充分满足用户需求。

③ 内部营运维度

为了充分满足用户需求，提升企业市场价值，企业需要从内部运营的角度出发，找准自身擅长的领域，并不断增强自身竞争优势。

④ 学习发展维度

在提高内部运营效率的过程中，企业需要以组织学习和创新能力为核心不断加快成长速度，在提升各个岗位的运营效益的同时综合考虑影响自身长期发展的各项因素，完善信息系统，并加强人才梯队建设，打造健康的企业文化。

（2）OGSM 目标与计划工具

OGSM 目标主要包含四项内容，分别为目的（Objectives）、目标（Goals）、策略（Strategies）和衡量（Measurements），在实际操作过程中，企业还需在此基础上制定行动计划（Plan of Action），并将行动计划纳入 OGSM 目标与计划工具当中。

OGSM 具有操作难度低、内容呈现形式简单等诸多优势，企业只需利用一张纸就可以理清目标与计划，同时也能为公司内部传递目标与计划相关信息提供方便。在战略执行环节，企业还可以通过 OGSM 来了解目标与计划的实时进度，保证自身的各项目标、策略和计划均可落地。

具体来说，OGSM 表主要包含以下几项内容。

① 目的（Objectives）

OGSM 表中明确标注了企业的目的，即企业的使命、长期目标。对企业来说，长期目标是其发展的基础，因此必须统一各方相关人员在长期目标方面的意见和看法，确保企业上下的努力方向一致。

② 目标（Goals）

OGSM 表将目标细化成了多个目标，企业可以按部就班地在既定时间内实现各个短期目标，并在实现所有短期目标时达成长期目标。

③ 策略（Strategies）

OGSM 表以策略的形式明确标注了长期目标的实现方法，企业可以按照策略内容安排各项工作，达成长期目标。但一张纸难以写下所有的策略内容，因此 OGSM 表对写入策略的数量也有一定限制，企业只能在表中填写 5 条及 5 条以下的策略。数量有限的策略能够在一定程度上避免企业注意力分散，让企业可以集中所有的人力和物力来达成这几条策略所写的内容，确保企业能够获得一定的成果。

④ 衡量（Measurements）

OGSM 表将策略进一步拆解成了多个小指标，企业可以在逐步达成这些小指标后最终达成策略内容的目的，并根据这些小指标的达成情况来衡量策略是否成功。

（3）关键绩效指标

关键绩效指标是一种重要的管理工具，通过将企业战略目标转化为具体可衡量的指标来确保企业战略目标的达成。根据战略 KPI 法的要求，企业在设定指标时，需确保指标与战略相关。与此同时，为了精准把握业绩评价的重心，企业需确保战略 KPI 法、员工目标与任务管理均符合“二八定律”，也就是说，20% 的骨干人员需要创造企业 80% 的价值，20% 的关键行为需要完成 80% 的工作任务。

若要达成 KPI，企业需解决当前公司战略中的主要问题。以增长状态异常的企业为例，当企业的业务量增长速度过快时，企业的组织架构将迅速膨胀，员工数量会快速上涨，管理能力和技术能力可能难以支撑过大的业务量，流程和规范不健全等问题就会逐渐暴露出来，进而导致企业发展受阻。为了解决这些问题，企业需要有针对性地设置相应的 KPI。

外部环境因素和内部因素都可能会影响企业达成 KPI 和实施战略。其中，内部因素具有一定的可控性，企业可以通过设置相应 KPI 的方式驱动各级员工解决相关问题，而 KPI 则用来衡量各级员工对内部因素的控制效果。企业在计算 KPI 时，应排除其他各项不相干问题的干扰，因此，还需明确 KPI 的“结果责任”和“驱动责任”，具体来说，“结果责任”指的是需要承担全部责任，“驱动责任”指的是仅需承担与 KPI 关联的责任。

KPI 是一项量化指标，企业可以使用计算公式计算出具体的数值，且这一指标通常与企业战略和薪酬激励挂钩，既能够影响企业的发展，也能够影响员工的薪酬福利。

5.2.4 基于 BEM 的战略解码步骤

业务执行力模型（Business Execution Model，BEM）可以解析战略逻辑，生成战略衡量指标，为企业提供行动计划，帮助企业进一步明确重点工作和主要目标，同时灵活运用各项系统有效的运营管理方式，对各项指标进行衡量和管理，并在此基础上助力企业实现战略目标。

BEM 是韩国三星的战略执行体系的重要组成部分，其融合了六西格玛管理法以及多种运营管理工具，能够为企业提供具有较高完整度的流程、工具、模板和表单，辅助企业达成战略目标。目前，华为也已将 BEM 引入到自身的战略管理体系当中，借助科学、合理、明确的组织 KPI 来为自身战略有效落地提供支持。

从实际应用方面来看，BEM 的操作主要包含以下几个步骤，如图 5-7 所示。

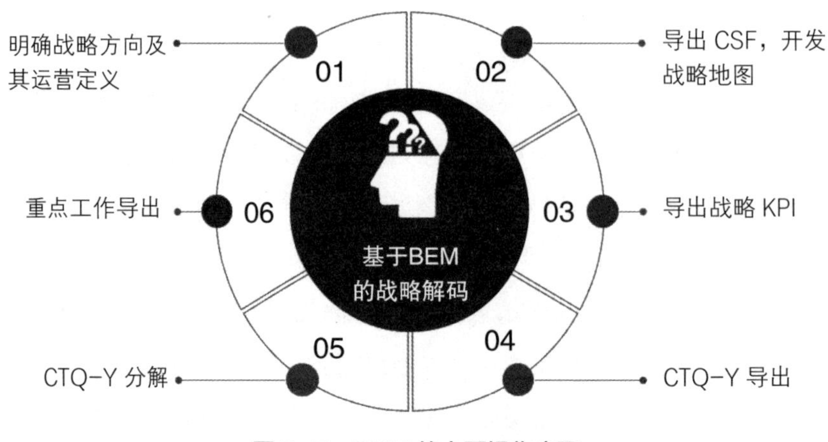

图 5-7　BEM 的主要操作步骤

（1）明确战略方向及其运营定义

BEM 应根据企业未来发展方向确定战略方向，并统揽全局，根据战略方向制定行动方案，助力企业逐步达成中长期战略目标。

在实践过程中，BEM 会使用“有效增长”“卓越经营”等明确的短语来描述战略方向，以便内部相关工作人员围绕战略方向进行沟通交流，确保各级员工对战略方向的理解一致。从定义上来看，运营指的是具体可衡量的战略描述，能够确保各相关人员对战略范围和战略内涵的理解一致。

（2）导出 CSF，开发战略地图

BEM 可以导出关键成功因素（Critical Success Factors，CSF），并在此基础上找出影响战略意图实现的各项关键因素，然后根据这些因素确定关键战略举措，企业也会将其作为重点管理对象。在韩国三星的战略管理体系中，BEM 将战略地图引入到这一环节当中，综合运用战略地图和平衡计分卡等多种工具为企业的运营管理提供方便。

（3）导出战略 KPI

BEM 可以导出与战略意图和关键成功因素挂钩的 KPI，以便企业借助这一量化指标精准衡量自身的战略达成情况。若关键战略举措只是提出行动口号，而没有明确的 KPI 衡量指标，那么战略将无法有效落地。由此可见，为了实现战略落地，企业必须根据战略地图设置可衡量的战略 KPI。

（4）CTQ-Y 导出

品质关键点（Critical to Quality，CTQ）是指在业务方面影响企业实现战略目标的重要因素，在 CTQ-Y 中，“Y”指的是绩效测量指标。

在 CTQ-Y 操作方面，企业既要根据战略 KPI 分析当前的战略实现情况，衡量其与预期达成情况之间的差距，也要广泛采集内部各项相关要求、期望以及用户的意见等信息，找出当前亟须解决的问题，导出 CTQ，并通过关联检验备选 CTQ 和 CSF 的方式进一步明确公司层面 CTQ 和衡量指标 Y。

（5）CTQ-Y 分解

企业应将公司层面的 CTQ-Y 细化成部门层级的 CTQ-Y，进一步明确 CTQ 和指标 CTQ-Y，充分把握各项重点工作，找出需要优化改进的项目，并充分发挥各种分解工具的作用，如全量分解法（Total Productivity Management，TPM）、参数分解法（Critical Parameter Management，CPM）、流程分解法（Business Process Management，BPM）等，对业务行动计划和目标进行分解，再将经过分解的计划和目标分派给各个相应的下级部门，自上而下逐一确定各层级衡量指标的基线和目标值。

（6）重点工作导出

企业应明确需完成的各项年度重点工作的内容。具体来说，企业应按照组织层级对各项工作进行整理，找出各层级中影响战略实现的关键举措，明确各项关键举措所对应的具体操作和工作计划，并进一步将这些内容整合成年度重点工作，如集团层面年度重点工作任务、业务单元年度重点工作任务、部门年度重点工作任务等。

在年度重点工作的管理方面，企业可以将各项年度重点工作作为一个个项目，采用项目管理的方式进行管理。具体来说，企业需要为各项年度重点工作设置明确的项目名称、项目目标和责任人，对项目进行清晰准确描述，确定相应的资源配置，根据自身实际情况设置项目节点和完成时间。

5.3 战略执行：战略落地的策略与路径

5.3.1 资源配置：确保战略落地的关键

企业战略的特性体现在多个方面，包括全局性、指导性、长远性、系统性、竞争性、风险性等。在中国，企业管理的演进过程分为生产导向、推销导向、营销导向、战略管理四个阶段，目前许多国内企业在战略管理领域已经取得了有价值的探索成果。

当战略管理的潮流兴起时，许多企业纷纷参与其中，然而有的企业所制定的战略终究只是纸上谈兵，没能进入执行阶段；有的企业所制定的战略虽然得到了执行，但却没有取得预期效果。因此，战略的执行非常重要，美国著名管理学家、平衡计分卡的创始人罗伯特·卡普兰曾经说过："好的战略加上差的执行，几乎没有胜算；差的战略加上好的执行，或许可能成功。"

企业需要从使命和愿景出发，基于对内外部环境的分析进行战略的制定，同时确定战略的实现路径。战略制定和战略执行不是两个彼此分离的步骤，两者之间相互影响、联系紧密。好的战略离不开好的执行，如果战略存在问题，执行也将遇到困难，所以战略制定将在很大程度上决定战略执行的效果。从企业的角度来看，需在充分考虑企业的发展方向与设定目标的基础上进行战略的制定，如表5-2所示。

表5-2　企业战略制定的基础

基础	要点
企业的发展方向	企业应确定正确的发展方向，如果方向出现错误，那么再多的投入和努力只会带来更大的损失。企业的发展方向应与市场需求和经济发展趋势相契合，顺应新技术的发展潮流。此外在选择发展方向时，企业还需要充分考虑政策和法律层面的因素
企业的设定目标	企业的短期目标需具备可行性，新创立的企业可先设定一些相对容易实现的目标，比如业绩实现一定的增长，或者在某一细分领域取得优势等。务实的短期目标能够促使企业脚踏实地，持续取得进步。企业的中长期目标则应当具备一定的挑战性，比如成为行业领导者，有时目标的高度决定了企业发展的上限，高远的目标能够为企业发展提供动力

再完美的战略规划都必须通过行动进行落实，推动其真正发挥作用。战略执行就是在战略规划的指导下开展行动，推动目标达成的过程。组织战略的执行要经历资源配置、战略沟通、组织变革、战略评估等过程，各个环节彼此衔接，环环相扣。做好战略执行，关键是在保持各个环节整体联系的基础上对每

一步进行严格把关，针对环节特点进行相应的内容制定，确保计划的连贯性与系统性。

战略执行环节是项目规划与企业现实经营活动的桥梁，在这一环节中企业需要对各类资源进行整合配置，协调多种因素形成合力，确保战略规划的高效推进。

（1）匹配组织架构

组织架构一定意义上是战略规划在要素配置上的显化，也是战略执行的“地基”。在战略执行时，应首先对组织架构进行调整，明确权责职能，然后根据战略规划的需要进行相应岗位的增设，并健全考核机制，明确执行细则，为战略规划的顺利落地提供良好的基础。

（2）优化业务流程

在做好组织架构工作的基础上，需要进一步对战略规划进行细化，分配到不同的业务流程当中，加强战略规划与实际经营活动的衔接紧密度。这就需要在对战略要求进行全面梳理的情况下，对当前的业务流程进行调整优化，从最大程度上提升业务办理效率，节约资源与时间，让简捷、高效的流程助力战略有条不紊地执行。

（3）配置战略资源

战略执行是一个运用所投入的资源进行价值创造的过程。管理者在战略执行时需要对劳动力、资金、物料、数据等要素进行全面统筹、科学配置，并以此为基础进行科学决策，畅通资源供给渠道，激发要素潜力，真正发挥资源优势。

（4）塑造战略文化

组织文化既为企业提供了战略执行过程中的凝聚力，同时也起到了一种软性约束的作用。要通过领导以上率下、案例宣贯引导、绩效薪酬激励等方式激发战略执行过程中企业内部的活力，营造一种积极创新、敢于试错、团结协同的文化氛围，让战略意识潜移默化地渗透到每个成员的脑海中，更好地凝聚内部力量，形成发展合力。

以腾讯公司为例，在执行“互联网 +”战略时，为了更好地统筹各项业务，该公司在对互联网领域投入大量资源的基础上成立了智慧产业事业群（CSIG）。该组织架构一方面通过垂直组织，更好地对权责进行了细化，提高了战略执行的效率，从而实现了各类资源的高效配置；另一方面优化了内部考核体系，推动了绩效考核和资源运用的公开透明，以此营造出一种高效协作、公平竞争、积极向上的团队氛围。通过这种上下一心、多线并行的组织文化，腾讯的“互联网 +”战略得到了顺利执行，为企业的转型升级提供了助力。

5.3.2　战略沟通：凝聚共识，强化管控

企业战略往往会涉及许多方面，因此需将其细化为多个子战略，如业务战略、应变战略等。然后再对子战略继续进行细化，得到不同的战略主题，接着在战略主题的基础上进行延伸，得到核心举措，并围绕核心举措制定行动方案，保证每个行动方案都有对应的目标，最后根据目标进行人力、物力、财力的指派。在上述步骤全部完成后，才可进入正式的战略执行阶段。

在战略执行过程中，沟通是必不可少的，在战略管理过程的不同阶段，沟通将发挥不同的作用。在战略规划阶段，沟通将推动战略调研，有助于企业对内外部环境进行深入了解；在战略执行阶段，沟通将对战略细化和方案制定产生促进作用；在战略评价以及调整阶段，沟通则将推进战略的回顾、评价、修正。

企业管理者可从多个角度对战略执行中的沟通进行划分，如将其划分为纵向沟通和横向沟通，或者划分为内部沟通和外部沟通等。其中，内部沟通和外部沟通的对象、方式、内容、作用如表 5-3 所示。

表 5-3　战略执行中的内部沟通和外部沟通

类型	对象	方式	内容	作用
内部沟通	高管之间	谈话、会议、电话、邮件	统一认识、沟通情况、协调资源	促进战略规划形成、战略方案细化、战略实施推进、战略执行反思调整
	高管与员工	会议、制度、通知、展板、邮件、员工接待、意见箱	宣贯精神、传达意图、了解情况	推进战略规划的共识、战略方案的理解、战略执行的反馈
	不同单元	会议、邮件、电话、表单	沟通情况、协调事务、寻求支持	战略方案的细化、战略实施的协同配合
	单元与职能	会议、邮件、电话、表单	沟通情况、协调事务、寻求支持	战略方案的细化、战略实施的协同配合
外部沟通	主管部门	拜访、会议、文件、材料、邮件、电话	了解政策、沟通情况、汇报进展	支持战略规划的形成、战略实施的调整
	客户	拜访、电话、信函	跟踪市场、了解需求、反馈信息	战略规划的完善、战略执行的调整
	媒体	广告、受访、新闻发布	推广形象、接受监督	为战略实施创造良好环境

沟通的形式有很多种，不同的形式有着不同的作用，但均需要服务于企业战略的执行。对于战略执行而言，沟通的价值和作用具体体现在以下几个方面。

（1）增进共识、凝聚力量

通过沟通，企业管理层以及员工将对企业战略产生更加深入的认识，容易在目标和职责的问题上达成共识，意识到个人、部门、单元、企业各个层次的目标和职责是统一的，由此企业成员的积极性和创造性将会得到很好的调动，企业的凝聚力将实现显著提升，这对企业战略的执行具有积极意义。

（2）促进协同、提高效率

战略执行的范围是整个企业，在战略执行的过程中，企业需要通过沟通来加强协作，实现资源的整合，从而提升执行效率，取得更好的执行效果。

（3）增强管控、利于纠偏

沟通有助于加强管控，而通过加强管控，能够及时发现战略执行过程中存在的问题并加以解决，保证战略执行处于正确的轨道上。此外，借助沟通还能够更加全面地掌握内外部条件，当战略的关键影响因素出现变动时，能够及时对战略实施相应的调整。

5.3.3　组织变革：组织结构与战略匹配

战略管理大师艾尔弗雷德·D·钱德勒曾详细论述过企业战略与组织建设之间的关系。他基于对通用、杜邦等多家美国企业发展史的考察，得出这样一个结论：相较于企业战略的转变，企业组织结构的转变存在滞后性，无法在短时间内做到与新战略相适应。这种滞后性是由多方面原因造成的，比如管理人员的利益需依托于现行结构而存在，管理人员可能对超出自己职责的事情不甚了解或没有充分认识到结构转变是一项必要举措。

结构转变不及时所导致的管理问题终究会显露出来，因此企业必须着手开展组织结构的变革，以保障战略执行取得预期效果，这就是钱德勒的著名命题——“组织结构服从战略”。实践表明，企业管理者需从组织结构入手推进战略执行，通过有效的方法及合理的流程实现部门的整合，具体采用的做法有以下几种。

（1）设置组织结构

组织结构需适应战略，与战略相匹配，这样才能推动战略落地，否则将对战略落地产生阻碍。当环境和发展阶段发生变化时，企业也需要调整战略，与此同时，组织结构也应随之转变，不同战略对应的组织结构如表 5-4 所示。

表 5-4 不同战略对应的组织结构

战略类型	企业特征	组织结构
增长型	小型企业、业务单一、市场局限	职能结构
一体化	中型企业、业务拓展、市场扩大	事业部结构
多元化	大型企业、业务多元、市场细分	矩阵结构
防御型	业务剥离、市场收缩	回归简单或职能结构

确立组织结构时需要遵循一定的原则，包括目标一致、权责对等、刚柔并施，此外集权与授权之间、规范与效率之间应实现平衡。组织结构确定后还要在战略执行过程中不断完善，以便更好地适应具体需求。战略规划或发展部门是组织结构的重要组成部分，该部门会参与战略的制定和宣贯，而在战略执行中也会发挥关键作用，即负责追溯战略执行的相关情况，调度战略执行所需资源，考查执行效果，是战略执行的调节器和稳定器。

（2）打造管理团队

发展到一定规模的企业往往事务繁多，且内部结构复杂，决策层无法做到事事亲力亲为，因此需要组建一支管理团队，在关键岗位上行使管理职责。

管理团队成员应具备岗位所需的能力，同时彼此之间能够实现高效的分工协作。在企业战略方面，团队需要做到以下三点：第一，做好企业战略的宣贯工作；第二，细化企业总体战略，形成具体的行动方案；第三，团队成员在各自岗位上开展职责内的管理工作，以此推进企业整体战略的实施。

（3）制度流程建设

企业依照制度而运营，按照流程而运作，制度流程的确立是实施企业战略的前提，制度流程的合理性将决定战略实施的效果。确立新战略后，企业需依据战略要求对现有的制度流程实施调整，使制度流程围绕同一目标运作，保障制度流程的高效可行，为战略执行提供重要支撑。

5.3.4　战略评估：战略修正与优化机制

战略评估是战略执行过程中的“模拟测试”，通过对战略执行后企业各方面的状况进行收集分析，以此衡量战略执行对战略规划目标的达成情况，同时查漏补缺，及时对存在的问题进行解决，使战略执行成为首尾衔接、自我优化的闭环。战略评估要从指标选择、机制建设、结果运用等方面入手。

（1）明确评估指标

围绕战略目标这一核心，运用科学思维与经济管理学等领域的专业知识确定定量与定性评估指标，具体囊括预算、盈利、客户、市场、成长发展等多个维度。在制定过程中要从实操性角度进行考量，确保所设计的指标能够被测量、对比以及向下分解，从更高的颗粒度上对战略执行进行衡量。

（2）搭建监测体系

基于评估指标建立相应的作用发挥机制，对指标所指向的维度进行常态化监测，及时收集相关数据，综合分析，全面汇总，以此实现对风险因素的有效预警。同时，加强各部门间的协同配合，细化权责分配，通过制定预案提升企业抵御风险的能力，从而确保战略执行的稳定性。

（3）开展回顾总结

战略执行过程中需要定期进行回顾反思。借助战略审计、平衡计分卡等工具对战略实施进行复盘，对成功的经验进行归纳总结，对出现的问题进行归因，并提出相应的改进建议，形成复盘报告。要将战略回顾、经验沉淀作为领导会议、部门例会的重要内容，推动战略执行的不断进步。

具体来说，企业需要从战略执行的各参与主体处收集信息和反馈，掌握战略执行的进展状况，验证战略执行所取得的实际效果，据此对战略执行实施调整。针对回顾反思，企业采取的具体做法有日常协调、定期反思、阶段总结等。反思会分为战略反思会和经营反思会，两者分别针对不同的问题，如表 5-5 所示。

表 5-5 战略反思会和经营反思会的对比

项目	战略反思会	经营反思会
频率	通常是每季度或半年举行一次	举行频率更高，一般为每月一次
目的	主要用来考察影响战略执行的长期因素和共性因素，它不会停留在经营业绩层面，而是从战略层面分析战略的适应性，其采用的维度包括发展趋势、战略目标一致性等	主要用来解决短期的、具体的问题，这样可以及时验证战略执行的效果并进行相应的改进和调整，保证战略的柔性和灵活性，避免战略出现僵化的情况

下面通过一个具体事例来说明经营反思会和战略反思会的作用。

一家从事电子产品出口贸易的企业发现原本的客户将一部分订单给了另一家企业，因为这家企业拥有采购成本方面的优势。针对这样一个短期问题，该企业在经营反思会上进行了讨论，并得出了解决方案，力图争取与用户达成长期协议，同时通过节省生产成本降低产品售价，凭借价格优势重新夺回市场份额。

后来，该企业又遇到了一个问题，客户所在国家出台了新政策，对电子产品进口实施限制。针对此问题，企业在战略反思会上进行了讨论，试图通过转变战略执行思路应对外部环境变化，比如将更多的精力放在国内市场，提升国内市场的销售占比，同时寻找新的海外市场，或是通过在国外设厂的方式规避进口政策的限制。

（4）激发组织学习

企业要善于对实践经验进行再利用，从过去的成功和失败中沉淀出能够对未来工作提供有效指导的经验。要加强创新引领作用，不断释放内部活力，推动效率提升，同时设立容错机制，营造积极、包容、和谐的内部氛围，让成功的经验与失败的教训发挥前拉后推的作用，共同推动组织战略能力的提升。

华为提供了战略评估的优秀样本。通过建立贯穿公司、事业部和部门三个层级的DSTE战略评估系统，从战略有效性、执行效率、资源保障等维度实现了对战略实施过程全生命周期的覆盖，通过月度、季度、年度的不同周期回顾，保证了战略评估的连续性和成长性，同时也使得企业的战略执行能力不断突破瓶颈，向着更高的层次迈进。

5.3.5 注意事项：战略执行的常见误区

企业在战略执行过程中经常会遇到一些偏差和误区，具体体现在以下几个方面，如图5-8所示。

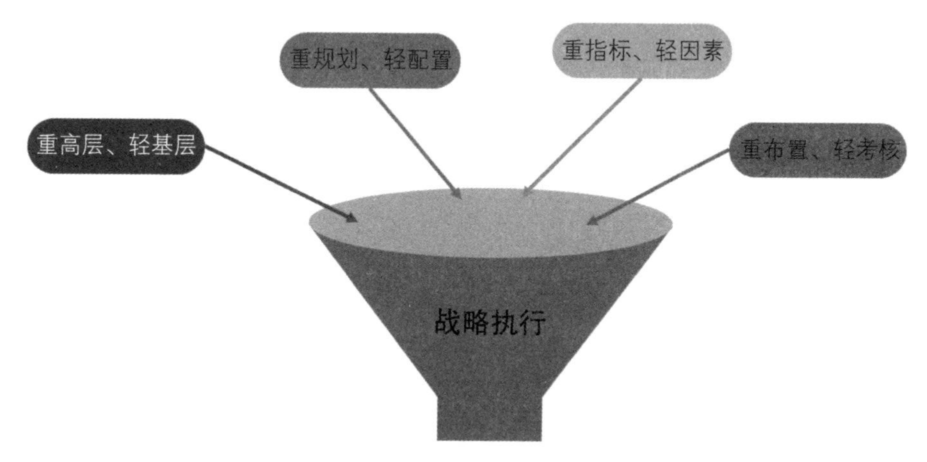

图5-8 战略执行的常见误区

（1）重高层、轻基层

在企业战略方面，企业高层所扮演的角色非常关键，他们负责战略的规划，并在战略执行阶段负责战略的宣贯和协调，因此，在企业的战略规划和执行过程中必然需要凸显高层的作用。

不过，在强调高层作用的同时，也不能忽视基层的价值。企业是一个整体，包含多个层级、板块和区域，许多工作都需要由基层来完成。在战略规划阶段，需要依靠基层来提高整个企业对战略的认同感；在战略执行阶段，基层负责战略的细化，制定合理的行动方案，并使企业战略得到落实。此外，企业高层需要从基层的反馈中了解战略执行的效果，发现战略执行过程中存在的问题，并以此进行调整和改进。

（2）重规划、轻配置

战略需要合理详尽的规划，但是仅凭规划无法使战略达成，因此战略规划的实现还需要相应资源的支持，而相关资源配置包括硬件和软件两个方面。

企业生产基地的位置、建设方式、物流能力、通道建设、节点位置、辐射方式等，都是资源配置需要考虑的方面。战略和资源之间是相互促进的关系，战略需依靠资源才得以实现，同时资源的有效利用又离不开战略的指导和推动，合理且执行状况良好的战略能够最大限度地释放资源的潜力。另外，资源具有不确定性和稀缺性，有效的资源配置能够帮助企业提高抗风险能力，保障企业战略的执行，因此企业需对资源配置加以重视。

（3）重指标、轻因素

通过各种指标，企业战略目标将得到最明确的呈现，因此指标对于战略来说是不可或缺的。战略规划中包含多种指标，以周期来划分的有长远指标、年度指标，以层次来划分的有企业总体指标、单元指标、岗位指标。除了指标之外，企业战略还包含非指标因素。

关于指标，有两种错误倾向会时常出现：

- 第一种倾向是单纯看重指标，缺乏对非指标因素的关注，但实际上有些非指标因素是很重要的，如企业制度、文化、流程等，它们能够为指标提供支撑。
- 第二种倾向是将指标完成情况作为奖惩标准，完成指标可获得奖励，未完成指标则将受到处罚，这种做法能够有力保障指标的完成，为战略执行提供保障，但是却忽略了影响指标的因素，而这往往才是更为关键的问题。

因此，重指标、轻因素的做法是不可取的，在实践中应做到兼顾指标和非指标因素。比如，当企业的销售额大幅上涨，市场份额也大幅提升时，虽然从指标层面来看结果令人满意，但仍需分析背后的原因。因为指标的变化有可能是通过大幅降价或赊销实现的，而大幅降价会影响企业的品牌力，赊销如果遇到用户资金链断裂的情况，则会造成坏账。由此可见，指标可能具备迷惑性，必须透过指标理性地分析背后的原因，这样才能保障企业的健康发展。

（4）重布置、轻考核

有的企业在确定战略后，会将战略以文件的形式发放下去，并召开各种会议进行战略的宣讲，不过所收到的效果可能并不理想。抛开战略本身的因素，这种情况很大程度上是由于缺乏对战略执行结果的考核。而在考核结果时尤其要重视显性业绩的考核，同时遵循清晰性、区别性、及时性的原则，如表5-6所示。

表5-6 考核结果时应遵循的原则

原则	要点
清晰性	依照战略主题、核心任务等确立考核指标，并对考核指标进行细化，使指标得以明确，避免因表述不清而造成歧义
区别性	企业分为多个管理层级，各岗位的职责和工作性质也有差别，应针对不同的层级和岗位确定不同的考核指标
及时性	业绩考核要按照恰当的节奏来进行，对于基层岗位采用日常考核的方式，对于管理岗位则采用阶段考核的方式，并且用“红绿灯”表示考核结果，绿灯代表正常，黄灯代表需保持警惕，红灯代表有问题需解决

根据考核结果，企业可以实施相应的奖惩措施，调动各层级和岗位战略执行的积极性。但除了考核已完成业绩外，企业还应密切关注未完成业绩，及时指出其中的问题和不足之处并进行整改。比起事后追究，事中纠偏的难度和成本更低，能够有效地提升执行效率，达到事半功倍的效果。

战略执行是战略管理的重要组成部分。立足新发展阶段、贯彻新发展理念、构建新发展格局，在这样的形势下国内企业应重视战略执行，把握战略执行的关键因素，避免踏入战略执行的误区。此外，在强化战略管理和战略执行的过程中，国内企业还应借鉴国内外的先进经验，采用有效的战略管理工具，比如波特五力模型、SWOT 分析法等。

第 6 章

数字化转型战略

6.1 顶层设计：企业数字化转型战略规划

6.1.1 数字化战略转型的设计原则

近年来，大数据、物联网、云计算、人工智能和移动互联网等新兴技术飞速发展，并逐渐趋向融合，企业也开始将各项先进的数字技术融入生产和管理的各个环节当中，革新生产方式和管理模式，推动企业战略管理向数字化的方向快速发展。

对企业管理者来说，为了增强企业的经营管理能力和核心竞争力，需要进一步探索有效融合现代信息技术和先进的企业管理理念的方法，革新企业的组织方式、管理方式、生产方式、经营方式和业务流程，加强风险防控，理清内部机制，并减少成本支出，提高盈利水平。

在数字化转型过程中，企业的战略顶层设计应遵循以下三项核心原则，如图 6-1 所示。

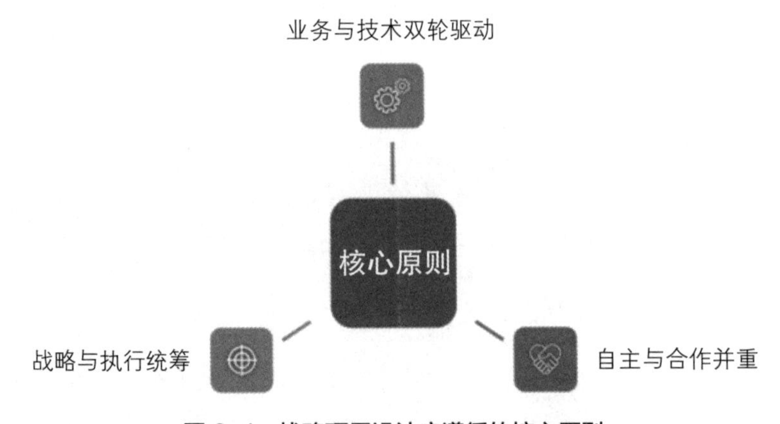

图 6-1　战略顶层设计应遵循的核心原则

（1）战略与执行统筹

对于数字化转型工作，企业需要自上而下制定战略规划，自下而上执行各项任务。具体来说，战略与顶层设计关系密切，企业需要对战略进行层层分解，并在此基础上明确战略实施路径；执行也应符合战略顶层设计的要求，为此企业需要加大基层探索和创新力度，推动技术与业务场景互相融合，深入挖掘创新点，整合各项基层创新相关内容，优化完善顶层设计的实施战略。

除此之外，在战略与执行方面，企业还需协调各方关系，如远期与近期、总体与局部、宏观与微观等。

（2）业务与技术双轮驱动

业务和技术是企业数字化转型过程中的重要驱动力。从本质上来看，企业的数字化转型主要指业务转型，企业需要从业务的角度探索转型目标和转型路径，广泛采集外部实践经验，明确技术在业务转型过程中的支撑作用，大力推动业务转型。各类新兴技术的应用能够促进业务发展，为此企业需要预先规划技术投入，并加大对新技术的探索力度，通过应用新技术来提升业务价值，推动业务升级发展。

（3）自主与合作并重

为了实现数字化转型，企业需要增强自驱力和核心能力，提高核心能力内化水平。除此之外，企业还需借助外部力量来强化各项非核心能力，对能力中的弱项进行提升，打造一个互利共赢的生态体系，为顺利推进数字化转型工作提供支持。

企业应在充分把握当前时代特色的前提下展开战略规划工作。近年来，大数据、互联网和人工智能等新兴技术飞速发展，为了适应技术进步带来的变化，企业亟须进行数字化转型，强化自身的数字化管理能力。从本质上来看，数字化管理融合了各种先进的管理思想、管理方法、管理技术和管理手段，具有远高于传统管理方式的管理效率和管理效益。数字化管理能够充分发挥数字信息技术的作用，提高沟通、反应、处置和运转的效率，明确分工，强化责任落实到位，全方位提升生产经营水平，推动企业经营管理向标准化、信息化、数字化、智能化的方向升级，在最大限度上提高企业效益，助力企业实现高质量发展。

同时，企业数字化转型具有一定的复杂性，涉及信息技术和管理两项内容的优化升级，这就要求企业找准自身定位和转型方法，坚持整体规划、分步实施、自我主导、技术外包的建设原则，按部就班地推进各项相关工作，并集成各项数字技术应用，提高自身的发展质量和发展速度。

6.1.2 企业数字化建设的规划目标

企业数字化转型能够充分发挥各项数据资产的价值，有助于企业整合各项源数据，提高源数据的利用率和共享性，促进源数据互联互通。同时，企业也可以通过数字化转型来改变管理思维，例如，利用智能报表等可视化的方式呈现各项数据，为资源分配工作提供方便，以数字化应用来减轻基层工作负担，进而达到提高生产经营效率的效果。

与传统的管理模式相比，数字化转型有助于优化完善企业治理结构，打通整个流程中的各个环节，提高资源管理的可视化程度和风险的可控性，推动企业管理走向精益化；有助于提高关键岗位作业效率，加强员工培训，帮助员工掌握各类移动设备以及先进技术和工具的应用方法，通过提高员工的工作能力来达到提升生产经营效率的目的；有助于整合生态圈合作伙伴，探索新的市场和价值场景，与生态圈合作伙伴互相联合，互惠互利；有助于发挥数据价值，提高企业的数字化运营能力，加强企业的战略管理水平，为企业的高质量发展提供保障，并确保企业发展的高效性和稳定性。

总的来说，企业数字化建设的规划目标主要体现在以下几个方面，如图 6-2 所示。

（1）提升项目精益化管理能力

企业可以动态实时监控各个项目的履约情况，并综合运用大数据、云计算和人工智能等先进技术来整合各项资源，优化资源配置，精准把控各个在建项目的各项关键指标，如建设质量、建设成本、工期等，同时综合考虑人员、机

图6-2 企业数字化建设的规划目标

器、原料、方法和环境五项要素，充分落实精益管理理念，从而实现对各个项目的精益化管理。

（2）提升企业集约化经营能力

企业可以归纳整理营收、利润、成本等数据信息，并利用大数据、人工智能等技术手段对这些数据进行分析，以便管理层据此制定科学合理的决策，实现对各项资源的高效调配，从而进一步提高招采等管理工作的集约化程度，加大工程项目管控力度。不仅如此，企业的数字化转型还在一定程度上减少了管理层级，推动组织结构向扁平化发展，并将工作流程转移至线上，提高了整个工作流程的效率，降低了运营成本，有助于企业实现集约化经营。

（3）提升企业科学决策能力

企业可以利用物联网和移动设备等工具广泛采集各项工程项目相关数据信息，如资金、经营、进度、质量、安全和技术等方面的数据信息，并从不同的角度对这些数据信息进行分析和可视化处理，以便管理层及时掌握企业的运营情况，提高管理决策的有效性。与此同时，企业还可以构建存储企业经营数据的数据库，在数据资产方面为管理决策提供强有力的支持，并借助数据来增强自身的管理决策能力。

（4）提升企业风险管理能力

随着市场竞争不断加剧，企业在经营过程中所面临的风险也越来越多，因此需要充分发挥数据治理、数据应用和大数据分析等工具的作用，对战略、市场、投资、运营、财务、法律、合同和项目管理等进行监控，并设置相应的监控指标，以便及时掌握风险变化情况，实现风险预警。对企业的决策层来说，可以根据风险预警信息及时采取相应的应对措施，适时优化调整风险管理方案，降低风险带来的损失，为企业实现可持续发展提供保障。

6.1.3 数字化转型战略的规划思路

数字化转型是现代企业发展的必然阶段，值得注意的是，数字化转型并非一蹴而就，而是一个长期的过程，因此需要企业通过制定数字化转型战略来实现数字化企业建设目标、数据驱动理念与企业发展实际的深度融合，围绕企业的发展方向、目标远景、目标实现路径等关键问题提出数字化解决方案，做好企业数字化转型目标下的架构设计、路径梳理、任务细化、资源准备等工作。

在数字化转型战略的规划过程中，应着眼于企业能力拓展、业务优化、要素更新等，以此实现业务、技术、组织等方面的协同，逐步推动企业实现数字化转型，为企业整体发展战略提供牵引力。

（1）业务战略是数字化转型的龙头

数字化转型是一次覆盖企业各层级、各部门、各维度的深层变革，需要企业在发展远景、理念思想、组织架构、人才资源、制度标准等方面都进行相应的革新，这些事项的执行需要有能力的决策者和管理者的统筹，即数字化转型实际上是“一把手工程”。科锐国际《中国企业数字化转型的思考与行动》报告指出，在数字化转型取得良好成绩的企业中，CEO 对项目直接推动的企业占比达到了 50%，而那些表现不突出的企业中，由 CEO 进行项目推动的企业仅有 33%。发展愿景是企业数字化转型的牵引力，而战略规划则是在给出数字化转型牵引力的同时还能够明确转型实施所需要的路径和条件，凝聚起公司各个部门、各个层级的力量，并能够通过有效的举措将凝聚起来的力量转化为行动，一步步推动目标实现。

业务战略是企业发展的路线图，通过企业远景、发展使命及战略目标的设定，标明了企业应该到达的目的地，而业务战略则是蓝图上通往目标的一条条具体路线以及路线上的各种标志牌，能够让企业在前进的过程中明确自身处于何种环境、在相应的环境下应运用何种资源与手段来实现发展目标。此外，业务战略还通过对业务增长点的挖掘回答了在企业发展的过程中应如何保证发展的持续性、实现企业能力上升的问题。

在数字时代，只有不断培育企业数字化能力，优化企业业务战略，才能保证企业适应时代经济发展的变化，保持良好的生存能力。

（2）描绘数字化转型愿景

数字化转型战略应对标企业整体发展战略，以清晰的愿景和目标为牵引，同时能够获得公司上下的广泛认同。

数字化转型愿景明确了数字化转型对于企业发展和各项业务开展的价值。对于数字化转型愿景的描述需要从内外两个维度展开，如表 6-1 所示。

表 6-1　数字化转型愿景的描述维度

维度	要点
企业内部	应立足于企业内部实际，了解企业当前信息化建设的进度、标准，以及信息化建设过程中遇到的难点和堵点，正确评估企业当前所处的数字化建设层级，为数字化愿景的描绘提供可靠的现实依据
外部环境	应将目光投向外部环境，对经济社会背景下、行业背景下的数字化情况进行分析，明确企业在数字化建设过程中可以对标哪些标杆性企业，可以借力于哪些外部条件

在此基础上，结合行业发展前景和市场需求确定具体的数字化转型目标，并整合各种资源条件规划合理的推进路径，推行长效的反馈机制，确保战略愿景落地的可靠性。

（3）明确数字化转型目标

在确定企业战略和数字化转型战略的前提下，企业需要设置合理的目标，这揭示了企业希望通过数字化转型达成何种目的。目标达成情况可以用关键绩效指标进行衡量。

全球饮料行业的龙头企业可口可乐公司所制定的数字化转型战略目标如下：

a. 通过数字化营销方式获得增量用户，从而实现销售额的增长；

b. 通过管理与运营流程的数字化优化供应链管理，实现高效运营；

c. 借助数字技术对营销方式进行创新，同时为用户带来多元化的产品体验，运用数字技术更好地占领用户心智。

为了实现上述目标，可口可乐公司分别对目标中涉及的关键参数制定了相应的KPI，对网站流量、社交媒体参与度和数字媒体销售额等分别进行监测，并根据参数变化随时对数字化转型战略进行完善，确保其可行性。

数据是数字化转型的动力引擎，也是数字化时代的第一资源。企业数字化的核心内容就是充分挖掘数据作为资源、资产和资本的价值，完成企业经营各维度、各环节中数据要素的整合，同时制定行之有效的数据应用方案，让数据在企业管理、企业决策、风险规避、市场预测、规律总结等方面发挥作用，这一过程需要数字化转型目标的引领，从而一方面检验路径方向选择的有效性，另一方面能够更好地获取整体认同，凝聚企业内部转型力量。

（4）构建系统解决方案

企业数字化转型是一种覆盖全局、贯通上下、渗透内外的系统性革新，其影响将会从中心传递至企业最细微的神经末梢，关涉到企业各个维度的发展，包括企业的理念文化、目标愿景、组织模式以及技术、人力、产品等。企业在制定数字化转型改革方案时应注重协调性，始终坚持整体思维，做好不同部门、不同业务之间的衔接配套，避免改革流于片面，毕竟缺乏整体性的改革永远无法深入，只会造成资源的白白浪费。

为了保证数字化转型能够在良好的实施条件下向前推进，企业需要做好人员组织、财务支撑以及考核检验等多方面的配合，以确保转型过程能够保质保量地按照既定节奏推进，企业可以从多个方面切入来构建系统性解决方案，如表 6-2 所示。

表 6-2　企业构建数字化转型系统性解决方案的切入点

维度	要点
战略方案	企业需要从战略发展的角度对数字化转型进行阐释，在文化建设上，应以先进、健康的数字化文化作为引领
数据方面	数字化转型需要从数据的全生命周期进行价值发掘，聚焦于数据采集、数据治理、数据分析和数据智能应用等方面进行相应的对策提供，打通数据利用的各个环节
技术方面	以先进技术为引领，通过引进云计算、大数据、物联网、智能数据模型等先进技术，通过不同的技术组合进行价值创造
流程方面	以高效、简捷、反应迅速为标准，加快业务流程重构或动态优化，实现各流程之间的数字化对接
组织方面	针对业务流程需要构建具有快速响应能力、专业匹配的人员组织体系，做好人员与规则配套
服务方面	破除各部门之间的沟通壁垒，畅通各部门之间的信息流通渠道，加快信息服务对企业各部门及整体业务链的渗透，提升企业协作效率

6.1.4　企业数字化转型的核心内容

企业数字化转型战略的规划主要包含三项内容，分别为数字化组织及管控模式、数字化业务体系设计和数字化数据架构设计，如图 6-3 所示。为了有序推进数字化建设工作，企业需要制定战略规划，明确建设目标、发展路径和战略总方向，提高各方相关人员对数字化转型的认可度。

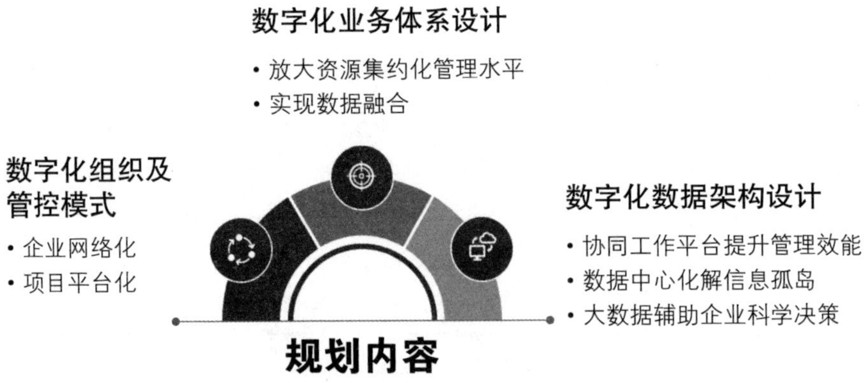

数字化业务体系设计
- 放大资源集约化管理水平
- 实现数据融合

数字化组织及管控模式
- 企业网络化
- 项目平台化

数字化数据架构设计
- 协同工作平台提升管理效能
- 数据中心化解信息孤岛
- 大数据辅助企业科学决策

规划内容

图 6-3　企业数字化转型战略的规划内容

（1）数字化组织及管控模式

① 企业网络化

从纵向来看，信息技术的应用大幅提高了信息采集、信息处理、信息传输的自动化程度和实时性，打破了不同层级在信息交流方面的障碍，简化了信息传输流程，为企业各层级之间的信息传输和信息共享提供了方便，降低了企业机构复杂度。

从横向来看，信息技术的应用有助于企业内部各部门及其员工之间的互联互通，在信息技术和网络的支持下，企业大幅提高了信息传输效率，在最大限度上实现了资源共享。

② 项目平台化

在项目建设过程中，企业可以搭建项目协同工作综合管理平台，让项目经营管理集体、资源配置部门、生产实施团队、相关协作单位可以通过该平台进行信息交互，从而提高各相关组织和部门在工作上的协同性，推动生产组织向专业化发展，业务管理向协同化发展，资源配置向统一化发展。

除此之外，企业还要借助各项数字化手段来加强要素管控，采取专业化的方法对项目的劳力、物力、信息、时间、进度、安全、质量、成本、资金和风险等各项相关要素进行管理，以便远程控制各项工程项目的现场生产，实现跨区域、跨部门的协同生产和管理。

（2）数字化业务体系设计

① 放大资源集约化管理水平

信息技术的应用为企业的各项经营管理活动提供了方便。对企业来说，可以借助各种信息技术集中采购和管理不同区域、不同组织的物资、设备、劳务和服务，减少在日常经营方面的成本支出，也可以在信息技术的支持下实现内外资源共享，提高物资、设备、劳务和服务等资源的利用率。

② 实现数据融合

数据融合有助于企业解决数据质量问题，企业可以通过数据融合来为不同层级、不同部门之间的数据交互提供方便，以便利用数据做出科学合理的决策。

（3）数字化数据架构设计

① 协同工作平台提升管理效能

企业可以利用协同工作平台来为内部的协同工作提供支持，以便各部门进行沟通交流，提升各部门的项目管控能力，从而进一步深化“小前端、大后台”的管理格局，促进权责统一，方便决策管理，提高执行效率，确保业务、管理、项目互相协同，进而达到提升员工工作积极性的目的，充分发挥企业整体效力。

② 数据中心化解信息孤岛

企业需要广泛采集各项相关数据信息，并利用这些数据信息构建数据中心和企业信息化系统，利用数据中心打通各个信息管理系统之间的信息交互渠道，实现数据信息互联互通，从而解决企业信息孤岛问题，获得更高的管理绩效。

③ 大数据辅助企业科学决策

信息化系统平台在运行过程中会产生海量数据信息，企业需要利用数据处理工具对这些数据信息进行过滤、筛选、分类、计算和分析，并在此基础上构建大数据决策中心，借助数据来提高决策的科学性和管理的有效性，从而实现高效率的项目运作，进一步增强自身的市场竞争力。

6.2 精益数字化转型：从场景探索到持续创新

6.2.1 精益数字化转型的 6 个原则

数字技术的发展速度持续加快，全球范围内的市场竞争日趋激烈，同时市场需求和商业环境也在不断发生变化，这样复杂的外部环境使企业面临种种挑战。在此条件下，很多企业制定了数字化转型战略，以求保持自身的竞争力，保障发展的持续性。数字化转型意味着将数字技术引入传统业务，提升企业运营的效率和智能化水平。不过，数字化转型的方向并不是确定的，在转型的道路上，企业需要不断地进行尝试、探索和修正，最终完成数字化转型的目标。

企业数字化转型的成功与否将在企业业务的价值上得到体现。如果数字化转型难以取得成功，那么问题往往出在数字化转型的战略制定上。为解决这一问题，企业可采用精益的数字化战略制定方法，制定出适合自身的数字化转型战略。精益数字化转型，指的是采用数字技术改进企业的运营模式和业务模式，优化企业的业务流程，从而提升企业的运行效率和灵活性，实现企业的创新发展。通过精益数字化转型，企业可对数字化工具和方法加以有效利用，从而产出更多价值，更好地满足客户的需求。

在精益数字化转型的过程中，要坚持以下原则，如图 6-4 所示。

① 用户导向

以用户需求为中心推进数字化转型，在数字技术和流程优化的帮助下满足用户需求，提升用户满意度。

② 持续改进

在数字技术的支持下不断寻求改进，持续的改进意味着企业的持续进步。

③ 数据驱动决策

发挥数据在决策过程中的指导和驱动作用，借助数据分析与洞察提升业务决策水平，并在适当的时机对转型策略进行优化调整。

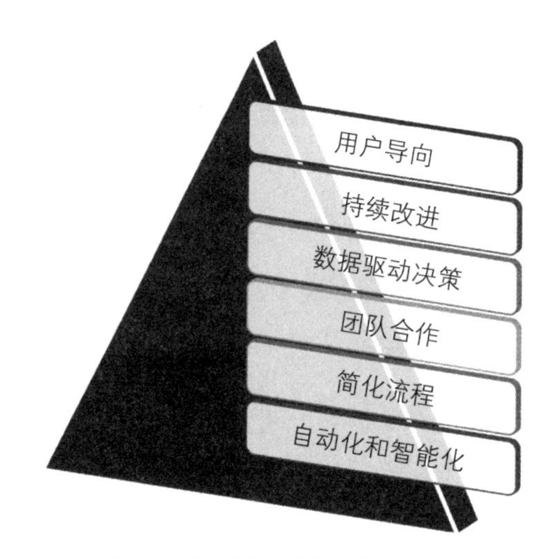

图 6-4　精益数字化转型的 6 个原则

④ 团队合作

围绕数字化转型建立团队，鼓励团队成员之间深入交流、紧密协作，促使每位成员都履行好自己的职能。

⑤ 简化流程

业务流程中可能存在没有实际价值的步骤，通过去除冗余步骤推动整个流程变得更加高效。

⑥ 自动化和智能化

运用数字技术推动工作的自动化和智能化转型，以此保障工作的高效准确完成，同时在此过程中得到解放的人力可投入其他工作，进一步实现效率的提升。

6.2.2　基于价值链分析的精益转型

价值链分析是一种管理工具。企业的运营包括各种内部和外部活动，价值链分析的对象即是这些活动。通过价值链分析，企业能够对各种相关活动进行识别和评估，从而鉴别出哪些活动能够使企业获得竞争优势、哪些活动有待改进。同时，企业的产品和服务蕴含一定的价值，也要花费一定的成本，价值链分析能对这些价值和成本进行分析，进而寻求更高的效率和更低的成本。

根据价值链分析，企业的生产经营活动有两类，分别是基本活动和支持活动。基本活动与产品及服务之间存在直接的关系，原材料采购、生产加工、商品销售、售后服务等都属于基本活动。支持活动的作用是支持基本活动，采购管理、技术开发、人力资源管理等都属于支持活动。

借助价值链分析，企业能够评估每个环节的价值创造情况，从而找出可创造最大价值的环节。以价值链分析的结果为基础，企业可采用场景探索的方式对数据进行一番评估，找出在提升效率、降低成本等方面能够发挥更大作用的环节，使数据能够在应用场景中展现出更强的竞争力。场景清单有三种类型，如表 6-3 所示。

表 6-3　场景清单的类型

类型	要点
速赢场景清单	此清单中的场景确定性比较强，在价值以及痛点上表现得较为明确，建设优先级较高
中期建设场景清单	从中期来看，建设此清单中的场景是一项必要的行动，不过就目前而言，建设此类场景所需的条件尚未成熟
远期建设场景清单	从长期来看，有必要完成此清单中的场景建设，不过现阶段时机尚不成熟，不具备场景建设所需要的条件

业务场景清单确定后，也即形成业务场景蓝图，据此蓝图可以得到数据资产蓝图和数字技术蓝图，从而完成数据中台的建设。三张蓝图中包含多条演进路线和多项执行计划，通过蓝图内容的集成能够得到最终的数字化转型路径蓝图，据此推进企业的精益数字化转型。

6.2.3　精益数字化转型的能力建设

传统企业与数字化企业之间主要存在以下七个方面的区别，如图 6-5 所示。

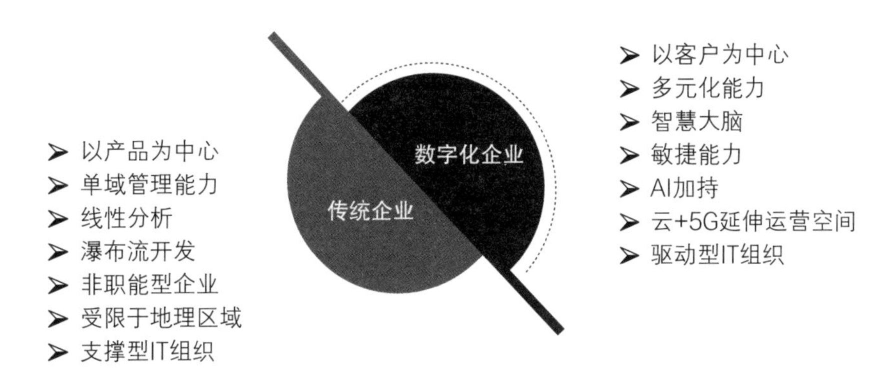

图 6-5　传统企业与数字化企业的主要区别

通过以上对比结果，可以得出精益数字化转型对于企业的意义。

（1）组织能力体系

企业的数字化转型应以用户为导向，因此企业需构建一个组织能力体系，这一体系以用户为中心，由多个层次组成。秉持以用户为中心的理念，企业需要对组织结构进行重新设计，根据用户场景的实际需要提升创新能力，通过更新互动方式为用户带来更好的体验，此外这一理念还体现在数据、IT、考核机制等多个方面。

在过去企业以自我为中心，在开展营销服务时，不同产品对应的服务一般是相互独立的。而随着数字经济时代的到来，企业需要从以自我为中心转变为以用户为中心，实现渠道触点统一和数据整合，为目标用户群体推荐最符合其需求的产品，由此一个面向用户的统一服务体系得以形成。

践行以用户为中心的理念，企业可对组织结构进行更新，实现用户数据的互通，带给用户一致的体验。对组织结构实施调整可能会牵涉到多方利益，为了避免冲突，企业可先着手培养以用户为中心所需要的能力，确定各方利益关系协调妥当之后再开展组织调整。企业可从关键流程控制点入手，通过打通数据培养相关能力。

（2）多元化能力

在复杂的、充满不确定性的运营管理环境面前，企业需拥有敏捷、精益、智慧、柔性的多元化能力。这些能力的培养和建设要以先进的IT架构作为基础，同时还需构建起完备的组织能力体系。根据领域的不同，每种能力呈现出的特点各有差异。

① 用户互动能力

以用户为中心和导向，致力于为用户带来更好的体验，将覆盖全渠道和全价值链作为目标。企业需对组织结构进行调整，根据用户场景的需求培养自身创新能力，采用有助于提升用户体验的互动方式。此外，企业还应在数据、IT、考核机制等方面不断实施优化和调整，以此来践行以用户为中心的理念。

② 资源管理能力

聚焦于流程，采用ERP（Enterprise Resource Planning，企业资源计划）系统，将稳定、精益、高效作为目标。内部流程的优化能够提升资源利用效率，实现更加高效的企业运营，帮助企业有效降低成本。

③ 智慧洞察能力

聚焦于数据，采用各种形式挖掘并分析各个领域的数据。通过数据收集以及对数据的分析，企业得以提升自身的洞察能力，能够更加深入地了解市场趋势、客户需求以及行业内竞争对手的情况，并以此作为决策的重要参考。

④ 智能生产能力

可通过物联网以及企业生产制造系统来实现聚焦于机器，以此追求降低成本，提升效率和质量，同时增强生产的柔性。企业需通过改进生产技术、推动生产过程来实现自动化和智能化，在生产效率和产品质量方面取得显著进步，从而更好地适应市场需求。

以上四种能力可以帮助企业在复杂的环境中保持竞争力，实现自身的可持续发展。

（3）智慧大脑

在运营管理的过程中，企业需重视全局数据平台以及智能分析系统的构建，形成智慧大脑。平台和系统的建设需基于数据价值，采用人工智能分析，它们的作用是分析企业运营的各个环节，并在现有分析结果的基础上预测未来发展。

相较于传统平台，智慧大脑采用各种不同的方式为企业提供数据方面的服务，且两者的数据来源和数据分析能力也不相同。

数据分析平台的构建需要对数据进行整合，而在现实中数据整合会遇到来自技术或部门墙的阻碍，其中部门墙造成的数据隔离和数据孤岛是平台构建所面临的主要障碍。为克服数据整合障碍，保障平台建设顺利推进，企业需实现数据标准和架构的统一，同时在不同的部门之间构建合作机制，从而打破部门墙的阻隔，实现部门之间的数据共享。另外，企业需对技术工作和算法进行实时更新，强化数据分析能力，并在数据分析效率方面取得突破。在数据分析平台的建设过程中，企业管理层需给予必要的资源上的支持。

全局数据平台和智能分析系统能够提升企业在运营管理方面的认知水平，通过数据为企业决策提供依据，从而推动企业实现创新，促进企业的持续发展。

（4）敏捷能力

在数字化时代，敏捷性是企业应当具备的一项素质。市场趋势和用户需求发生变化时，敏捷性较高的企业能够及时做出应对，同时敏捷性还能够帮助企业有效提升内部管理水平。敏捷能力的培养可从业务模式、IT 架构、产品开发方式等多个方面入手。比如，业务模式层面的“一线尖兵”和“后方资源平台”，产品开发方式层面的设计思维和敏捷迭代，都是进行敏捷能力建设时可采用的方式。

企业根据用户需求上线产品，按照传统方式，产品上线之前需进行系统化分析论证，由此得到产品的定义。而如果采用设计思维和敏捷迭代方法，企业就能够对用户角色进行模拟，组建小组聚焦分析用户的需求，而后设计出产品原型并完成产品的上线。这种方式缩短了产品上线所需的时间，使企业有了更充足的时间对产品进行迭代优化，从而为用户提供更加优质的新产品。

敏捷迭代强调反馈的持续性，通过逐步的迭代不断对产品实施改进。敏捷迭代重视企业与用户、团队成员等的交流合作，在此过程中能够更加深入地了解对方的需求及面临的挑战，以此对自身进行相应的优化和调整。敏捷迭代的核心思想由如表 6-4 所示的要点组成。

表 6-4　敏捷迭代的核心思想

核心思想	主要内容
响应变化	敏捷迭代要求灵活性，强调对市场变化的适应能力以及面对变化的响应速度
划分短期目标	有的项目或产品需求包含的内容较多，可将其拆分为多个阶段性任务，设置多个长度较短的迭代周期，每个周期有对应的目标和交付内容
反馈和学习	完成一个迭代周期后对该周期进行回顾总结，听取用户及团队成员的反馈意见，明确现阶段存在的问题，并在下一周期实施针对性调整
迭代优化	参考团队和用户给出的意见，对产品和项目进行迭代优化，改正错误之处，填补疏漏之处，调整不足之处，不断提升产品和项目的质量

借助敏捷迭代的方式，企业得以提升产品开发的效率，打造更具竞争力的产品，从而更好地适应市场变化，满足用户需求。

6.2.4　精益数字化转型的关键要点

在进行精益数字化转型时，需要掌握三个要点：第一，数字化技术和业务场景之间要实现深度融合；第二，转型的整个过程是循序渐进的，同时也是创新求变的；第三，转型的目标是更新商业模式，增加业务收入。下面将对这三个要点进行一番解读。

在数字化转型初期企业会开展场景探索，探索的目的是创造业务价值，这也是数字化转型所要达成的目标，在此条件下，数字化技术和业务场景的融合具有一定的必然性。数字化转型具备敏捷性和产品化的特质，此过程充满变化，需要不断地进行探索，所以速度和创新对于数字化转型十分关键。因此，数字化转型的过程既是循序渐进的，也是创新求变的。

就敏捷性而言，在数字化转型过程中，敏捷性能够帮助企业加速迭代创新，并在迭代的过程中使企业的目标逐步变得明确，而速度和灵活性则是敏捷性强调的两个方面。举例来说，互联网采用的是敏捷开发的方式，所以在开发过程中可以根据需求的变化进行快速调整和修改，而在传统的项目制中需求一般不会发生变化。

此外，数字化转型将推动企业业务模式的转变，由线下模式转为线上模式，这一转变的具体实现方式为互联网。通过数字化转型，企业将不再使用项目制瀑布交付模式，而转向敏捷交付模式，这种新的交付模式围绕产品而运行，因此企业将采用产品制的方式开展经营活动，这就是数字化转型的产品化。具体而言，项目制与产品制的对比如表 6-5 所示。

表 6-5　项目制与产品制的对比

维度	项目制	产品制
计划与探索	项目制会制订详细的计划，并根据计划采取行动，同时尽可能规避变化	产品制侧重于探索，对于产品制而言，变化并非不可接受
文档与互动	项目制重视文档开发	产品制更注重互动。在产品制下，团队将与市场进行互动，收集来自用户的反馈意见，同时团队成员内部也会进行交流互动，得到有价值的想法。产品制根据互动的结果推进产品的迭代优化
进度变化与价值	项目制的主要关注对象是进度变化情况	产品制关注的是产品，对于产品制来说，重要的是产品能够为企业创造怎样的价值

通过数字化转型，企业将实现商业模式的创新，由此在数字化环境中提升自身竞争力，获得更高的商业利润。新的商业模式将充分利用数字技术和数据，对产品、服务、流程以及价值链进行更新，为用户带来更好的体验，为企业创造更多的价值。

下面来看一个企业数字化转型的具体案例。

2012 年，美的集团开始推进数字化转型，其数字化转型可分为三个阶段。

第一阶段：2012 年至 2015 年，美的集团着手搭建基础信息平台，提出了“一个美的、一个体系、一个标准”的目标，并围绕此目标推行 632 战略（6 个运营系统、3 个管理平台、2 个技术平台）。

第二阶段：2015 至 2017 年，美的集团专注于战略升级，提出产品领先、效率驱动、全球经营三大战略主轴，以及智能制造、智慧家居的双智战略，以智能制造、大数据、移动化作为技术手段推进 632 战略的实施。

第三阶段：2017 年至今，美的集团着手进行数字化 2.0 的建设，形成大规模柔性化定制模式，运用数字技术驱动生产流程，实现可视化对全流程的覆盖。

精益数字化转型服务于实际的业务场景，通过敏捷迭代的方式推动数字化转型的成功，同时还能节省资源投入。另外，精益数字化转型相较于传统数字化转型的优势还体现在投资回报率上。精益数字化转型方法能够协助企业实施数字化转型战略，达成数字化转型的目标，使企业得以在复杂的市场环境中保持竞争力。

6.3 供应链管理数字化转型，提升企业竞争力

6.3.1 数字化供应链的 6 大核心特征

从某些层面上来看，市场竞争实际上也是供应链之间的竞争，因此企业需要通过优化供应链管理的方式来增强自身的市场竞争力。随着数字技术的不断进步，我国数字经济已经进入高速发展时期，为了实现供应链管理的持续优化，获取长期的市场竞争优势，供应链管理数字化转型已经成为企业发展过程中的必经之路。

数字化供应链中融合了数字技术，能够利用数据、流程、人工智能算法等多种先进的技术手段对各项相关数据进行处理，解决供应链中的“信息孤岛”

问题，为不同环节之间的信息交流提供强有力的支持，同时也助力供应链上的企业高效完成预测、计划、执行和决策等工作，进而提高供应链管理的数字化水平。与传统供应链相比，数字化供应链的组织结构、协作模式、管理工具、技术应用、决策机制和执行能力等均出现了许多新的变化。

（1）组织结构层面

数字供应链通常以用户为中心来发挥和强化自身的业务能力，并广泛连接研发、生产和经营管理、供应商订单、用户订单、物流等企业内外的各项活动，从而提高各个环节之间的协同性，打造出具有连接范围广等特点的供应链网络生态系统。

（2）协作模式层面

数字供应链中融合了互联网、物联网、3D打印等多种先进技术，能够大幅降低产品制造和业务协同的难度，因此数字化供应链中的各个企业可以互相协作，利用融合了数字技术的信息系统和网络平台共同完成产品设计、产品生产和产品交付等工作。

（3）管理工具层面

数字化供应链通常需要通过数字化平台、工业互联网、移动App、软件运营服务（Software as a Service，SaaS）等工具来为企业提供各类服务。

（4）技术应用层面

数字化供应链能够在轻量化、低代码开发模式下将大数据、物联网、云计算、区块链、人工智能、3D打印等多种新兴技术引入各个相关系统、平台和工具当中，从而加强技术应用，进而为供应链中的企业提供更加高质量的服务。

（5）决策机制层面

数字化供应链可以综合运用管理人员积累的经验和数据智能分析技术来提高企业的决策能力，充分确保决策的准确性和高效性。

（6）执行能力层面

数字化供应链可以充分发挥机器系统的作用，以智能化和数字化的方式来执行各项业务，进而达到大幅提高业务操作的高效性、准确性和自动化程度的目的。

6.3.2 企业数字化供应链存在的问题

虽然与传统供应链管理模式相比，数字化供应链在组织结构、协作模式等层面均具有优势，但企业在打造数字化供应链的过程中仍然会面临一些问题，如图 6-6 所示。

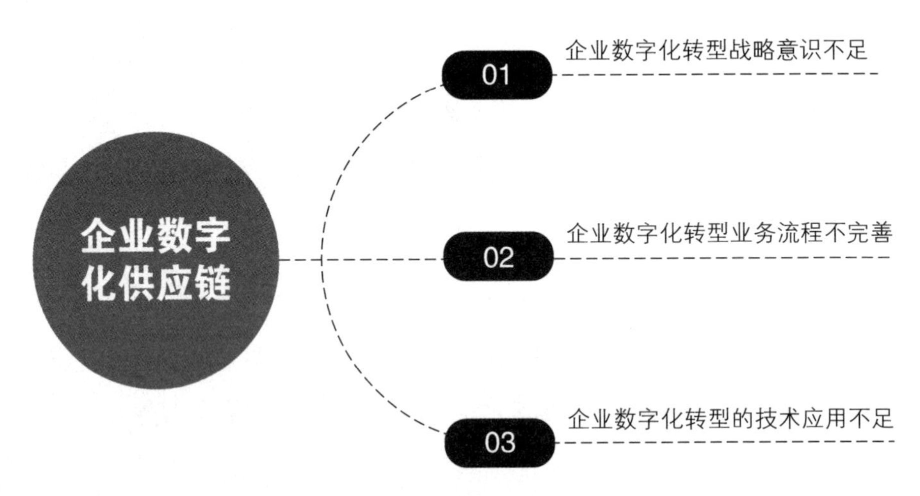

图 6-6 企业打造数字化供应链存在的问题

（1）企业数字化转型战略意识不足

在推动供应链管理向数字化方向转型发展的过程中，企业应充分认识到分级和分步骤建设数字化供应链管理平台的重要性，并制定服务于供应链管理数字化转型工作的短期规划方案、中期规划方案和长期规划方案，进一步加大企业战略建设力度。

现阶段，部分企业并未按部就班地推进供应链管理数字化转型工作，缺乏供应链可视化需求，因此其在制定各项规划时也并未融入数字化供应链管理系统和体系相关理念，无法打通各个企业之间的连接渠道，难以持续深化供应链管理的数字化转型工作。

由此可见，缺乏数字化转型战略意识的企业难以抓住互联网、人工智能等先进技术带来的发展机遇，也无法在技术进步和时代发展的过程中有效推进供应链管理，实现数字化转型。

（2）企业数字化转型业务流程不完善

在推动供应链管理向数字化方向转型发展的过程中，企业需要完善业务流程，革新供应链管理模式，搭建供应链管理数字化平台，并优化供应链管理资源，推动供应链管理相关的数字化技术快速升级。

现阶段，部分企业仍在使用传统的供应链管理模式，这种模式存在信息传输速度慢、信息传递失真等不足之处，难以支撑供应链中的各个主体进行有效沟通，且容易造成供应链管理受阻等问题。除此之外，部分企业过于重视供应链管理在经济效益增长中的作用，将管理的重点放在了提升经济效益上，而没有积极利用大数据、互联网等技术工具对管理业务流程进行优化升级，因此无法实现高质量的供应链管理。

（3）企业数字化转型的技术应用不足

近年来，大数据、云计算等新兴技术在企业管理过程中的应用越来越广泛，企业的数字化管理水平也随着各项技术的深入应用而不断提高。对企业来说，应进一步加强各项数字技术与供应链管理的融合，利用数字技术驱动供应链管理向数字化的方向转型发展，并实现对供应链管理的持续优化。就目前来看，部分企业并未认识到数字化技术及其应用的重要性，未能充分利用数字技术工具来进行供应链管理，还需进一步增强自身的技术应用能力。

6.3.3 数字化供应链的关键实现路径

（1）企业战略建设

在制定发展战略时，企业需要明确自身的定位、数字化水平以及供应链管理阶段，并根据不同的供应链管理阶段分别设置相应的数字化转型目标。具体来说，一方面，企业应该先评估并明确自身所处的供应链管理阶段；另一方面，企业还需根据当前自身的供应链管理情况确立适用于不同阶段的战略目标。

企业的供应链数字化发展阶段主要由以下四部分构成，如图 6-7 所示：

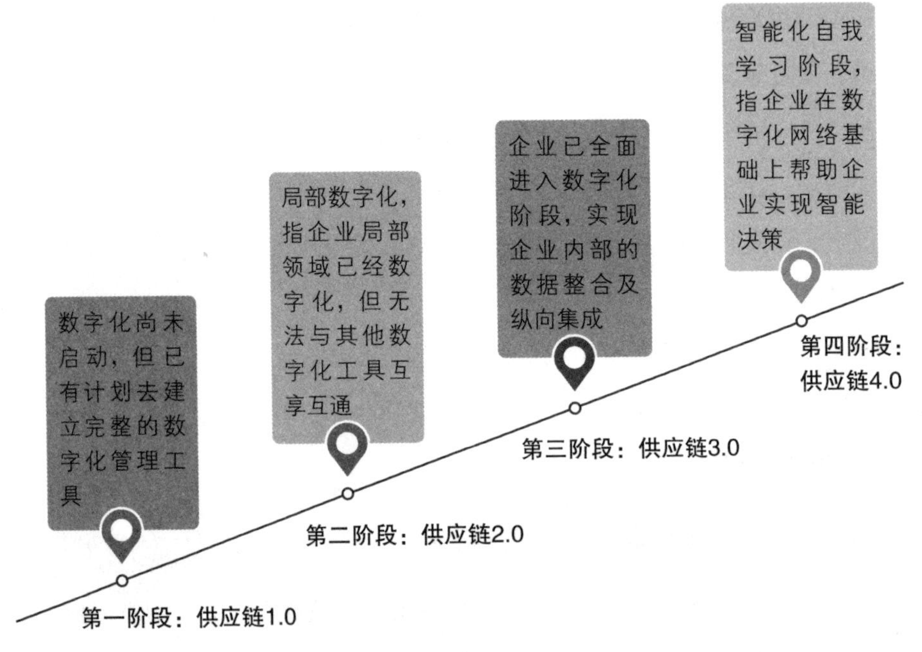

图 6-7 企业的供应链数字化发展阶段

- 供应链 1.0：处于这一阶段的企业已经确立了使用数字化管理工具进行供应链管理的计划，但还未正式展开数字化转型工作。
- 供应链 2.0：处于这一阶段的企业已经将数字化管理工具应用到部分供应链管理工作当中，但各个数字化工具之间还无法进行信息交流，供应链管理的数字化范围还不够大，只能算作局部数字化。

- 供应链 3.0：处于这一阶段的企业已经基本完成了数字化转型工作，能够整合和纵向集成各项内部数据。
- 供应链 4.0：处于这一阶段的企业已经能够利用各种数字技术和智能化工具进行自我学习并实现智能决策。

除此之外，以上四个发展阶段并不是每个企业在推进供应链管理数字化转型时都必须经历的过程，部分企业可以借助对当前自身的发展情况的准确评估以及对技术和转型方式的合理运用来提高转型速度，实现跨越式发展。

（2）业务流程的变革与大数据的使用

供应链管理数字化转型工作涉及企业的所有部门和所有员工，所以企业在推进供应链管理向数字化转型时应制定科学合理的供应链管理数字化策略，明确业务流程，革新运营模式。

对企业的管理人员来说，其需要从整体出发对供应链管理数字化转型工作进行全面规划，并充分确保数字化转型战略的合理性和有效性；对企业的执行人员来说，其需要提高业务流程的流畅性，并为自身与用户、自身与供应商以及部门与部门之间的交流协作提供支持，同时也要保证数据质量，提高信息数据的真实性和有效性，以便充分发挥数字化工具的作用。

业务流程的清晰度和流畅度能够影响业务数据的质量。一般来说，清晰流畅的业务流程能够为数字化工具提供高质量的业务数据，为数字化工具输出有效信息提供数据层面的支持，充分发挥数字化工具的作用，反之，则无法充分利用数字化工具来进行供应链管理。

（3）数字化工具的选择和应用

数字化技术和工具能够为企业的供应链管理数字化转型工作提供方便。一般来说，数字化技术主要包括大数据、互联网、物联网、云计算、区块链、人工智能和机器学习等新兴技术；数字化工具主要包括企业资源计划系统、供应商关系管理系统、统计学需求预测系统、机器学习算法需求预测系统、生产排程系统、物流管理系统和供应链控制系统等数字化系统工具。

在以上各项数字化技术当中，物联网技术和区块链技术在供应链管理中的应用十分广泛。具体来说，物联网技术在供应链管理中的应用主要包括智能制造、智能质量监控、智能化库存管理和安全生产管理等数字化、智能化应用，能够有效提高供应链内部的各项管理活动的智能化程度；区块链具有数据难篡改、去中心化、信息真实可靠等特点，能够提高企业的供应链管理能力和与其他企业协同配合的能力，企业可以将区块链技术应用到供应链管理当中，提高供应链管理的智能化水平和流程效率。

6.3.4 京东集团：智慧供应链模式实践

数据是支撑人工智能技术快速发展的关键要素，人工智能是驱动产业链供应链实现智能化的重要技术。供应链是指将产品从生产厂家运送到消费者手中的网状链条，主要由行业上下游的企业构成，也是行业层面的价值活动创造主体；而智慧供应链是指融合了人工智能技术的供应链，是智能商业的重要组成部分，能够以智能化的方式参与价值创造。

近年来，各行各业的产品制造规模不断扩张，各类产品逐渐向个性化和定制化方向发展。各行各业的企业开始将大数据、物联网、云计算、区块链、人工智能、工业互联网等数字技术融入各项管理和运营工作当中，并积极推动产业中的各个利益相关方互相联系、互相协同，构建产业集群，提高供应链的智能化程度，促进供应链中的商流、物流、信息流、资金流、知识流和人才流互相融合，支持供应链中的各个参与方实时交互，进而借助智慧供应链实现智能化生产和智能化服务，充分满足大规模、个性化和定制化的生产需求，达到增强市场竞争力的目的。

作为国内知名电商企业，京东集团的数字化转型之路开始于业务领域。2016 年 11 月，京东集团成立 Y 事业部，开始了对智慧供应链的探索。2017 年 3 月，“Y-SMARTSC”京东智慧供应链战略正式面世，该战略以数据挖掘、智慧驱动、流程再造和技术驱动为动力引擎，构建出包含计划、协同、商品、库存、价格五大业务领域的京东智慧供应链数字网络，随着这一战略方案的实施，京东电商的供应链优势空前凸显，企业在行业内的统治力也进一步加强。以下是对京东智慧供应链模式的深度解析。

（1）信息化平台汇聚大数据蓝海

相较于传统的线下实体店，电商企业与数字化平台有着天然的紧密关联，这是因为电商运营与销售的方式本质上就是建立在数字化渠道的基础上的，这在无形中为企业提供了数字资源获取方面的便利，让企业能够更便捷地对数据进行采集汇总，同时也能为之后的数据处理与分析腾出足够的成本空间，保证后续工作的效果。

随着信息技术与经济发展的结合度不断加深，数据作为重要的价值载体发挥着越来越重要的作用。京东借助电商平台提供的便利实现了海量用户数据的实时采集，这也是智慧供应链建设价值的重要体现。

（2）人工智能支持商品筛选分类

电商供应链的起点是与电商平台定位相匹配的优质产品，随着经济水平的提升以及数字化销售平台的发展，消费升级背景下的销售市场已经能够实现用户需求产品的饱和供应，差异化和创意性成为用户对产品的新要求，因此企业需要考虑结构化供给。

京东电商则是基于这一趋势，在传统分类的基础上通过云计算、大数据等进一步提升了商品分类与用户需求的对应性，对选品环节进行优化，使筛选出的产品更加符合用户的消费习惯与应用需要，从而延伸出商品品类管理的经营战略。

（3）智能算法模型支撑科学定价

商品的定价涉及了产品的市场受欢迎度与盈利空间之间的平衡，这对于所有销售型企业而言都是需要重点关注的内容。影响产品定价的因素包括成本、生命周期、销售时机、竞争对手定价等因素，而科学定价则是在综合考虑上述各因素的前提下寻找最佳定价方案，这也是当前京东的重要业务目标之一。

通过观察可以发现，京东平台的商品价格并非一成不变，而是在一定的范围内上下浮动，这是京东平台针对科学定价问题采取的策略之一，即以影响商品价格的各项因素作为参数，对影响因素与商品价格的关系进行建模，在日常经营过程中代入平台积累的用户数据，得出某一特定时段下商品的最优定价，从而始终确保利益的最大化。

(4) 预测技术驱动库存管理优化

对于电商企业而言，库存管理一直是经营中的一大难点，这需要企业对市场有着深刻的洞察，稍有不慎就可能面临库存积压或不足的问题。针对这一问题，京东选择使用人工智能技术探索解决方案。

基于以往的采购与销售信息，京东借助大模型算法深度挖掘其中的规律，并将规律运用到市场预测中，为库存管理提供依据。通过这一做法，平台能够提前对消费者行为进行预测，在产品上架后迅速做好库存布局，明确每个发货仓的最优货品数量，从而大大提高了备货的精准性，提升了整个发货、配送过程的效率，为用户带来了良好的购物体验，真正实现了库存管理的“提质增效”。

第7章

商业模式设计

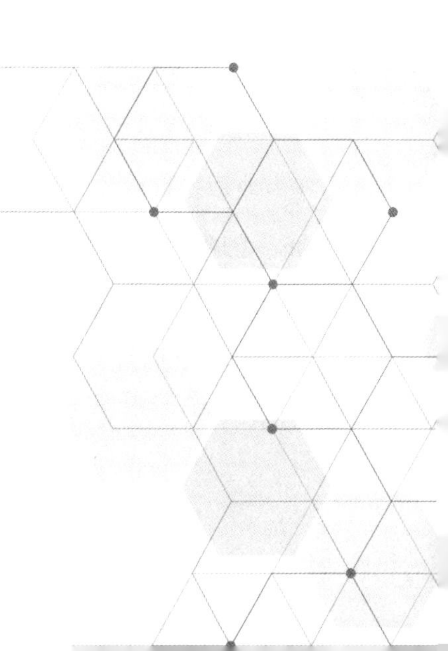

7.1 关键要素：绘制商业模式九宫格画布

世界级管理学大师彼得·德鲁克（Peter F.Drucker）指出，“当今企业之间的竞争，不是产品之间的竞争，而是商业模式之间的竞争。”由此可见，为了建立竞争优势，实现经济转型和快速增长，企业需要优化和完善商业模式，并充分落实商业模式设计。

商业模式是管理学的重要研究对象，能够在一定程度上反映企业战略。商业模式设计是企业运营的关键环节，具有可重复性和可强化性等特点，需要整合业务、资源和操作三项内容，能够在一定程度上帮助企业解决在运营方式和市场竞争方面遇到的难题。商业模式与企业选择的行动方案密切相关，它既能提供符合其行动方案的价值组合，也能反映企业在实现战略目标过程中的经营逻辑。良好的商业模式能够为用户带来持久的价值，还能够阐明企业创造价值、传递价值和获取价值的方法及原理。

企业在进行商业模式设计时需要综合考虑多项相关因素，如产品或服务的类型、产品或服务的价值、产品或服务的构成、关乎利益的价值活动环节、核心资源和关键成功要素、自身与内外部利益相关者的关系、内外部利益相关者的利益分配情况、现金流结构、收支方式、收入来源及其现金流形态、商业模式对企业价值的影响等。

商业创新领域的学者亚历山大·奥斯特瓦德（Alexander Osterwalder）在《商业模式新生代》（*Business Model Generation*）中提出了“商业模式九宫格画布”的概念，这是一种商业模式设计工具，可以将商业模式划分成九个板块，并利用一个大图景实现对商业模式各要素的组成部分的可视化表达，为企业管理层形成共同语言提供支持，助力企业完成商业模式设计和创新工作，如图 7-1 所示。

<table>
<tr><td rowspan="13">“商业模式
九宫格画布”</td><td rowspan="2">客户细分</td><td>消费群体</td></tr>
<tr><td>细分目标客户</td></tr>
<tr><td rowspan="2">价值主张</td><td>通过产品或服务向消费者提供的价值</td></tr>
<tr><td>对系列产品和服务给出一个总的看法</td></tr>
<tr><td rowspan="2">渠道通路</td><td>接触消费者的各种渠道途径</td></tr>
<tr><td>如何开拓市场实施营销策略</td></tr>
<tr><td>客户关系</td><td>同消费者群体建立的联系</td></tr>
<tr><td>收入来源</td><td>各种收入创造财富的途径</td></tr>
<tr><td>关键业务</td><td>资源和业务活动的配置</td></tr>
<tr><td>核心资源</td><td>独特的核心资源和关键成功要素</td></tr>
<tr><td>重要伙伴</td><td>为提供价值、实现商业目标而形成的合作关系网络</td></tr>
<tr><td>成本结构</td><td>使用的工具和方法的货币描述</td></tr>
</table>

图 7-1 “商业模式九宫格画布”的九个板块

下面依次对“商业模式九宫格画布”的各板块进行简单分析。

7.1.1 要素 1：客户细分

客户细分是客户群体规划的一部分，一般来说，企业的产品或服务面向多个客户群体，这些客户群体在实际需求、价值实现过程等方面均存在不同之处，客户细分有助于企业进一步明确目标客户群体，提高产品或服务的针对性。

企业需要了解客户的外在属性、内在属性和消费行为等信息，并根据这些信息对目标客户群体进行细分，具体来说，外在属性主要指企业客户、个人客户、政府客户等信息，内在属性包含客户的性别、年龄和收入等信息，消费行为主要涉及最近消费、消费频率和消费额等信息。

不同的目标客户群体在消费方面往往存在许多差异，这些差异主要体现在对各类产品或服务的需求和付费意愿等方面，除此之外，企业的分销渠道、客户关系和盈利方式等也会对客户产生一定的影响。为了优化商业模式，增强市场竞争力，企业需要针对战略和业务找到目标客户群体，一般来说，单一业务企业大多选择与自身有相近特征的客户群体；多元化企业则大多服务于多元化群体；平台企业大多选择为互补型群体提供产品和服务。

7.1.2 要素 2：价值主张

价值主张指的是企业根据客户需求向客户所传达的产品或服务的主题及观点。在确定价值主张的过程中，企业通常需要列出产品或服务的所有优点、宣传有利差、突出共鸣点。为了在市场竞争中赢得胜利，企业需要确立价值主张，并通过价值主张向目标客户展示产品或服务的优势，阐明选择该产品或服务的好处。

从客户的角度来看，价值主张关乎其对企业的直接印象，可以在一定程度上影响客户的选择。具体来说，良好的价值主张大多具备以下特点，如表 7-1 所示。

表 7-1 良好的价值主张具备的主要特点

特点	要点
价值明确	可以明确向客户传达自身产品或服务的价值
容易理解	使用简单易懂的词汇，确保目标客户均能理解
简洁清晰	使用简短的语言进行清晰表达
特点突出	对产品或服务的独特优势或价值进行重点描述
便于对比	便于与竞争产品或服务进行差异化对比
可量化描述	可以使用量化指标来衡量产品或服务的特点或优势

从客户的需求上来看，企业应具备解决问题和创造价值的能力，企业若要成为更多客户的选择，就必须充分满足客户需求，增强自身的市场竞争力。

企业所创造的价值具有多样化和差异化的特点，比如价格、服务速度等价值是理性的、定量的，设计、客户体验等价值是感性的、定性的。一般来说，不同企业的价值主张也各不相同，主要包括创新、性能、定制、实用、设计、品牌、包装、价格、节能、降耗、安全、易得、易用、生命周期成本等。价值创造方面的不同还能够推动市场竞争向差异化的方向发展，有助于形成良性竞争。

7.1.3 要素3：渠道通路

渠道通路是企业接触用户、扩大市场和落实营销策略的途径，按照用途的不同可分为沟通渠道、分销渠道和销售渠道三大类。企业可以借助沟通渠道向目标客户群体输出自身的价值主张，借助分销渠道和销售渠道为客户提供产品和服务。

具体来说，渠道通路包括直销模式、经销模式、线上模式、线下模式和混合模式等多种类型，企业应根据自身以及客户的实际情况选择合适自己的渠道组合，为客户购入产品或服务提供方便，让客户能够获得良好的消费体验。

渠道通路是向消费者提供产品或服务的过程，渠道的厂商应具有增加流通商品的附加价值的作用。具体来说，在渠道通路中，厂商大多发挥着以下作用：

- 将大批量产品分装成小额数量的产品，为一般消费者零散购买提供方便。
- 根据消费者需求对产品种类进行调配。
- 在产品已制造完毕但并未销售时，对产品进行保管。
- 将产品运送给各个经销商，为消费者购买产品提供方便。
- 为消费者提供产品信息，为生产厂家提供消费者需求信息。
- 搭建信息平台，为客户及时获取所需的有利资源提供方便。

从传统行业的经销模式来看，渠道通路指的是产品或服务按照生产者、经销商、消费者的顺序流通的过程，其主要任务是将产品运送到与之对应的销售点，为消费者购买产品提供方便。

一般来说，渠道通路主要涉及以下几项参数。

① 渠道通路的广度

渠道通路的广度可以反映出产品到达目标客户的过程中可使用的通路种类。具体来说，受市场密度因素的影响，企业可能会设置门市部和批发部两个部门，分别负责不同的市场。受购买数量因素的影响，企业还会针对客户采用不同的销售方式，若客户的购买数量较大，则可以直接销售；若客户的购买数量较少，则会通过经销商进行销售。

② 渠道通路的长度

渠道通路的长度与中间商有关，传统的销售通路较长，厂商将产品出售给消费者需要依次经过批发商和零售商等中间商；而直销的销售通路则最短，厂商可以直接将产品出售给消费者，无须经过任何中间商。

③ 渠道通路的深度

渠道通路的深度指的是企业在各类通路的各个阶段中向消费者出售产品时所经过的中间商数量。从通路分配情况来看，渠道通路可以按照深度分为几种类型，如表 7-2 所示。

表 7-2　基于深度的渠道通路分类

类别	要点
密集性的通路	采用广泛的分配通路，为消费者购买产品提供方便，例如汽水、牙膏等
选择性的通路	在一定的市场范围内选择几家中间商销售产品，例如家电产品
独家性的通路	在一定的市场范围内选择一家中间商作为代理，向消费者提供产品

7.1.4　要素 4：客户关系

客户关系指的是企业与客户之间的联系，可分为交易关系、通信联系、接触机会、联盟关系等多种。企业可以借助客户关系来达成经营目标，获取更多利益。具体来说，客户关系可以从营销和项目两个层面进行解读。

（1）营销层面的客户关系

① 买卖关系

当企业与客户之间建立买卖关系时，企业为卖方，客户为买方，销售为公平交易，交易目的也较为简单。以餐饮行业为例，饭店与食客之间的客户关系为买卖关系，饭店向食客出售食品和服务，食客购买食品和服务。

② 供应关系

当企业与客户之间的买卖关系进一步发展，二者对彼此有优先选择权时，将会形成供应关系。以餐饮行业为例，饭店与供应链上游的面粉销售企业之间可以建立供应关系，以确保供应链的稳定性，对面粉销售企业来说，与饭店等大客户建立供应关系也有助于提高面粉的销售速度，扩大市场。

③ 合作伙伴

在长期交易的过程中，企业与客户在产品和服务方面的认知趋同，就可以发展成长期合作的合作伙伴。一般来说，这种客户关系通常出现在各个企业的最高管理者之间。例如餐饮企业与上游供应商可以在互相信任的前提下进行长期合作，形成合作伙伴关系，以保证供应链的稳定性。

④ 战略联盟

当企业与客户之间存在相同或相近的目标和愿景时，可以通过成立合资企业等方式确立正式的战略联盟关系或非正式的战略联盟关系，二者互相协同，共同扩大市场份额，获取更多利润，强化自身在目标领域中的优势地位，提高其他企业进入该领域的难度。以互联网企业为例，可以借助与客户之间的战略联盟关系，进一步发展作为独角兽的创业项目。

（2）项目层面的客户关系

① 助理型客户关系

助理型客户关系依托于客户经理、客户顾问等客户代表的维系，通常与具体的业务有关。例如银行大储户、企业咨询服务等。

② 自助服务型客户关系

自助服务型客户关系指的是企业可以通过平台向客户提供自助对接服务，

如上下游信息、货物对接等。例如，淘宝卖家可以通过淘宝平台与客户进行交易，并将淘宝平台作为交易中介，买卖双方均可通过其获取相应的服务。

③ 社区、社团类客户关系

这种客户关系多见于各类互联网产品当中，如从微信、微博、小红书等平台中衍生出来的社区、社团中。

④ 共赢型客户关系

在共赢型客户关系中，企业与客户之间互相依存，可以实现共赢。例如，在各类自媒体平台中，用户可以借助平台创作和发布内容，同时平台的运转也依赖于广大用户。

7.1.5 要素 5：收入来源

收入来源指的是企业通过向目标客户群体提供价值进行盈利，如产品费、使用费、订阅费、租赁费、授权费、中介费、广告费等。

从持续性上来看，收入来源又可分为一次性收入和长期收入两大类；从定价方式上来看，大多数企业采用固定定价或动态定价，其中，固定定价指的是根据静态变量设置价格，动态定价指的是根据市场变化情况不断调整价格。

除此之外，收入来源还与企业的定价策略有关，低价渗透、高价策略和组合定价等都是企业常用的定价策略：

- 低价渗透：利用价格优势快速打开和占领市场，例如9.9包邮、免费软件等。
- 高价策略：提高产品的独特性和差异化程度，打造竞争壁垒，借助产品特色来维护自身在市场中的优势地位。
- 组合定价：对互补产品、关联产品进行综合定价，以便获得整体经济效益，例如餐饮套餐、打印机和耗材等。

7.1.6　要素 6：关键业务

关键业务指的是影响企业的商业模式运转的核心业务，与企业的价值主张、渠道通路、客户关系、盈利收益等息息相关，为了保障收入、增强市场竞争力，企业必须明确自身的关键业务。

企业业务可分为关键业务和次要业务两大类，其中，关键业务为主要业务，能够直接为企业创造价值，是企业价值链中的重要组成部分。例如，在生产企业中，产品制造和产品销售为关键业务；在教育培训机构中，培训为关键业务。

一般来说，企业的关键业务主要涉及生产产品、提供服务、解决问题和构建平台等内容：

- 生产产品：对制造业企业来说，生产产品是关键业务，主要包含产品制造、产品运输等内容。
- 提供服务：对增值性较强的企业来说，提供服务是关键业务，因此在提供服务的过程中，企业需要提高服务规范，加强对客户关系和人力资源的管理。
- 解决问题：对医院、咨询公司等服务机构来说，解决问题是关键业务，主要包含知识管理、培训管理和项目管理等内容。
- 构建平台：对腾讯、阿里巴巴等有链接或交易功能的企业来说，构建平台是关键业务，主要涉及平台搭建、平台管理、平台服务和平台推广等内容。

对企业来说，需要借助业务系统来联系外部客户以及其他利益相关者，因此在搭建业务系统的过程中，企业必须明确自身以及其他利益相关者分别需要负责的任务，同时也要了解价值创造过程中的各项业务活动及其分配情况。对许多从事传统行业的企业来说，部分业务系统可能存在交叠的问题，此时，企业必须厘清自身与其他利益相关者之间的关系。

7.1.7 要素7：核心资源

核心资源是企业的商业模式运转所需的关键资源，与企业的价值主张、渠道通路、客户关系和盈利收益等关系密切，对企业来说，应明确自身在运营过程中所需的核心资源类型，借助核心资源将价值主张传递给客户，维护客户关系并获得盈利。

从商业模式上来看，采用不同商业模式的企业在运营过程中通常需要使用不同的核心资源，例如，制造商在运营过程中需要用到资本集约型的生产设施，服务商在运营过程中需要用到大量人力资源。

核心资源大致可分为四种类型，分别为实体资源、知识产权、人力资源和财务资源：

- 实体资源：以京东为例，核心资源是大量物流网点和完善的物流基础设施，这些实体资源能够支撑京东为客户提供快递服务，建立起“快速物流”的商业模式。
- 知识产权：对微软来说，核心资源是软件及相关知识产权；对星巴克来说，核心资源是品牌。
- 人力资源：知识密集型产业和创意产业的核心资源是人力资源。例如恒瑞医药的核心资源是研发人员和销售队伍；麦肯锡的核心资源是咨询顾问。
- 财务资源：对飞机运营商来说，核心资源是飞机，大多需要通过融资租赁等方式获取。

7.1.8 要素8：重要伙伴

重要伙伴指的是企业商业模式有效运转所需的供应商和合作伙伴。重要伙伴有助于企业进一步优化资源配置和业务配置，减少成本支出，增加经济效益。因此企业需要对各个重要伙伴进行区分，并找出来源于重要伙伴的资源和业务。

一般来说，大多数企业不具备创造客户价值所需的所有资源，也无法独立完成所有的工作，尤其是一些依赖于昂贵的设备、先进的技术或特定的专业技能的项目。这些企业为了达成创造客户价值的目的，通常会以外包的形式与其他企业或机构进行合作，将自身无法处理的工作交给合作方来完成。企业的合作伙伴大多是其所处产业的价值链中的其他企业或机构。例如，在制造业领域，为了增强自身的竞争力，企业可以与上游供应商、相关辅助设备提供商等建立合作关系，打造战略联盟。

在创新商业模式的过程中，传统行业中的许多企业也在积极寻求合作伙伴，共同深入发展原有的业务，同时也能基于当前的发展情况进行突破，不断提升自身的综合实力。例如，有的企业及时感知到了金融机制的变化，引进金融力量，借助金融机制的升级来促进自身发展；有的企业与高校等教育机构建立合作关系，借此进一步提升自身的技术研发能力。

为了有效创造价值，构建合作关系网络，企业需要建立商业联盟，从形式上来看，商业联盟可分为多种类型，如非竞争对手间的战略联盟、竞争对手间的竞合、合资合作、供应商与购买者的关系等。对企业来说，与其他组织或机构建立合作关系的目的主要包括优化资源配置、获得规模效益、降低风险和不确定性、获取特殊资源、从事特殊活动等。

7.1.9　要素 9：成本结构

成本结构指的是企业商业运营所需的各项成本在总成本中所占的比重。一般来说，企业在创造价值、搭建渠道、保持关系和获得收入的过程中都会产生成本，而对企业来说，其需要在获取资源、开展业务、加强合作的基础上实现价值创造，并进一步传递价值，为客户提供价值。由此可见，在成本结构分析环节，企业需要明确主要成本构成，并将核心资源、关键业务和重要伙伴作为重点分析对象。

商业模式的差异影响着企业的成本结构，例如，在制造业企业中，固定成本的比重较高；在活动策划类企业中，可变成本的比重较高；在咨询类企业中，人员成本的比重较高；在钢铁企业中，原材料成本的比重较高。

各种商业模式在驱动因素方面也存在一定的差异，具体来说，采用低成本战略的企业大多以成本驱动，主要以自动化和外包的形式为客户提供低价位的产品或服务；采用差异化战略的企业大多以价值驱动，采用增值型的价值主张，对价值创造的重视程度较高，能够为客户提供个性化的产品或服务。

无论采用哪种驱动方式，企业都应在最大限度上减少成本支出，就目前来看，大多数企业选择借助规模经济和范围经济的方式来降低成本。具体来说，规模经济能够在一定产量范围内通过扩大生产规模的方式降低单位产出成本；范围经济能够通过扩大经营范围和增加产品种类的方式来降低单位产出成本，其产品生产种类通常在两种及以上。究其原因，当某一产业所需的人力、原材料、半成品、相关服务业等均聚集在同一地区时，这一地区将形成在该产业方面的发展优势，可以进一步加大发展力度，强化这一优势。

7.2 模式设计：基于企业的核心竞争优势

在设计商业模式的过程中，企业应明确自身的产品或服务类型、客户需求以及自身优势，增强核心竞争力，确保在竞争环境中能够对抗甚至超越潜在竞争对手，抢占更多的生存和发展空间。

核心资源和关键成功要素是支撑企业与内外部利益相关者建立稳定联盟的基础。为了强化核心竞争力，企业需要从产业价值链入手，充分把握客户、核心资源和关键成功要素，提高核心问题识别精度，增强解决核心问题的能力，建立竞争优势。

核心资源指的是能够帮助企业在业务方面保持持续性竞争优势的资源，这类资源大多与能力相关，能够帮助企业赢得市场竞争的胜利，获得高于平均水平的收益。一般来说，核心资源不足的企业往往难以赢得竞争，更有甚者，可能会受市场竞争的影响而出现无法继续维持正常运行的情况。

关键成功要素指的是针对企业愿景和战略的关键活动和相关评价指标，既受企业所在产业的外部环境影响，也与企业的内部能力相关。为了增强自身的竞争力，企业通常需要自上而下对关键成功要素进行深入分析，并在各个层次上落实关键成功要素。具体来说，关键成功要素的不同层次如图 7-2 所示。

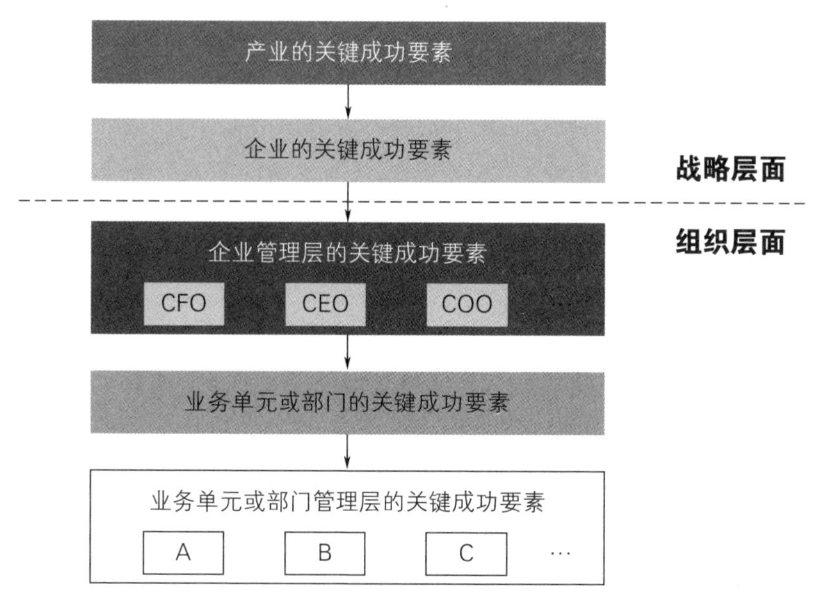

图 7-2　关键成功要素的不同层次

在商业模式设计环节，产业 / 市场状况、环境因素、竞争环境、管理层需求和企业内部需求等因素都会对关键成功要素造成一定影响，如图 7-3 所示。

图 7-3　影响企业关键成功要素的因素

核心资源和关键成功要素是企业建立竞争优势的关键。在设计商业模式的过程中，企业需要明确产业或业务的关键成功要素，并整合各项资源，优化资源配置，确保自身的资源配置优于竞争对手，从而进一步强化核心能力，打造竞争优势。

企业可以采用市场主导型、技术主导型或供应链主导型的资源配置方式来增强自身的核心能力：

- 市场主导型：企业将全部资源用于市场，并探索渠道建设、品牌塑造和链接客户的方法。
- 技术主导型：企业将大部分资源投入研发、工艺优化和产品线规划等方面，生产优于竞争对象的产品。
- 供应链主导型：企业将大量资源用于提高产能和运营效率，加强对单位成本的控制，提高产品交付的及时性，进而达到在市场竞争中脱颖而出的目的。

资源配置与各项资源的投入数量和投入比重有关，企业可以通过倾斜式配置的方式增加自身在各个关键环节和各项重要工作中的资源投入，以实现商业模式构建、资源投向和能力塑造的统一。

7.2.1 市场主导型商业模式设计

从商业模式来看，市场主导型企业能够在一定程度上反映出企业所选择的目标客户群体、客户关系和渠道通路，为了在最大限度上发挥营销的作用，企业需要明确自身的品牌策略、市场策略、渠道策略、区域竞争策略等内容，加强客户管理，并在此基础上制定和落实相应的营销战略。市场主导型企业通常需要在获客方面花费大量成本，为了降低获客成本，企业还需借助范围经济来扩大经营范围，减少成本支出。由此可见，扩大服务范围并加强客户管理、维系客户关系是企业赢得市场竞争的关键，目前，vivo、娃哈哈等多家企业已经通过市场主导型的资源配置方式进一步扩大了服务范围，打破了市场困境，实现了范围经济。

具体来说，市场主导型企业的商业模式呈现出以下特点：

- 细分目标客户分类明确，客户群体描述清晰。
- 借助强客户关系或范围经济实现低成本高效获客。
- 具备强大的渠道通路布局。
- 服务导向是其价值主张中的重要内容。
- 利用核心资源和关键业务获取客户信任，有效积累客户。
- 可从第三方机构获取一般资源，并对产品和技术进行创新。
- 获客成本在总成本中所占比重较大。
- 产品品类多，可借助范围经济扩大客户份额，借助客户信任以及与客户之间的互动增加收入。

7.2.2 技术主导型商业模式设计

技术主导型企业成功的关键是产品和服务。从商业模式上来看，技术主导型企业能够在一定程度上反映出企业的价值主张，但在价值主张的表现形式或载体形态方面存在一定差异。企业的价值定位和制胜逻辑能够影响各项产品战略规划相关内容，如产品线规划、产品竞争策略、基础研发与工艺改进方向等。以华为为例，其不断加大在技术方面的资源投入力度，增强自身技术实力，并凭借过硬的技术进入国际市场，成为苹果、思科、爱立信等行业领军企业的竞争对手。

技术主导型企业若要借助产品在差异化竞争中建立一定优势，就必须抢占先发优势和市场份额，提高产品溢价。除此之外，在技术主导型商业模式竞争中，企业还要做好人才育留，支持人才创新发展，为人才营造良好的创新氛围。

具体来说，技术主导型企业的商业模式呈现出以下特点：

- 以产品创新和服务创新为价值主张，在研发方面的资源投入所占比重较大。
- 以借助中间商交付产品和服务的方式来减少运营成本支出，扩大客户群。
- 以技术人才为核心资源，重视研发管理和人才育留。
- 在高技术人才方面投入的成本较高，通常需要凭借独特性来提高产品和服务的价格。

7.2.3 供应链主导型商业模式设计

供应链主导型商业模式能够在最大限度上发挥企业内部价值链的效率，从整体上提升供应效率、物流效率、生产运营效率和信息系统效率。从商业模式上来看，供应链主导型企业对关键业务优化、重要伙伴价值创造和传递效率提升的重视程度较高，该类型的企业代表如富士康、沃尔玛等。

沃尔玛拥有强大的供应链管理能力，能够通过与供应商的合作和交流实现信息共享，并借助这些信息迅速掌握各类商品的销售情况和库存量数据，进而为后续工作的安排提供方便，提高生产活动和运输任务的及时性、有序性。不仅如此，沃尔玛的供应链主导型商业模式也可以充分发挥配送中心和通信设备的作用，借助强大的通信网络和运输队伍实现高效配送，一般来说，各个分店可以在发出订单后的一天之内收到来自配送中心的物品。

对供应链主导型企业来说，为了赢得市场竞争，一般需要通过扩大生产规模的方式来降低成本，并进一步提高市场占领速度，增加市场占有率。

具体来说，供应链主导型企业的商业模式呈现出以下特点：

- 对物流体系、生产设施等基础设施资源的重视程度较高。
- 价值主张与基础设施服务有关，认可基础设施服务的价值，如低成本、高效交付等。

- 大多将服务交付给 B 端客户，但也可直接交付给个人。
- 在资源建设方面的固定成本较高，通常通过扩大生产规模的方式来提高资源利用率，降低单位成本，并借此提高单位产品销量，从而达到获取收益的目的。

由此可见，企业可以选择不同的资源配置方式，但在客户选择、价值选择、营销模式、能力塑造、盈利模式、资源投向、供应链模式等方面也会出现一定差异，这些因素之间会相互影响，在内在逻辑上也具有较强的一致性。对企业来说，为了打造具有独特性的核心竞争优势，需要根据自身实际情况对各项内在要素进行选择、组合和排序，并在此基础上确定战略。

7.2.4　构建基于商业模式的战略体系

在商业模式设计方面，企业需要探索实现可持续发展的有效方法，构建包含愿景、使命、价值观、目标、商业模式、能力建设和实施方案等内容的完整的战略体系，并要以可视化的形式呈现出来，为各个相关工作人员理解和执行战略提供方便。

在以上各项关键要素中，愿景、使命、价值观和目标具有一定的牵引作用，能够帮助企业设计产品组合，明确关键任务，制定主要策略，推进计划落地，提供组织保障及资源保障，有助于企业落实战略设计中的各项内容。愿景和使命代表了企业的发展理想，能够为企业的战略体系建设提供指引；价值观是战略体系的基础，能够帮助企业规范员工行为，制定和落实战略决策；目标是企业需要在战略管理周期内达成的状态，通常以愿景为驱动力，影响着企业的战略设计和战略执行，可分为财务目标、市场目标、客户满意度目标、员工满意度目标、关键能力目标等多种类型。

为了实现愿景和目标，企业需要深入挖掘客户需求，创新产品和服务，充分发挥产品和服务的价值，从而满足客户需求，进一步提高业绩水平。同时，也要建立可持续的竞争优势，并明确自身的优势、劣势，积极探索外部机会，从产业关键成功要素出发增强核心竞争优势，并针对自身实际情况制定战略规划，以便灵活应对各类挑战。

产品和服务都是企业向客户输出价值观的载体，在达成目标的过程中，企业应大力推进各项关键业务，以此来为价值创造活动提供支持，同时也要制定科学合理的策略，预测可能会面临的风险，并制定相应的应对方案，完成业务设计。

目标是企业设定的需要达到的标准，应符合企业的特点、能力、经验和价值观，包含内容、程度和时限，并具有清晰明确、重点突出等特点，能够激发团队精神，促进企业发展，而未来愿景则是企业对目标达成后自身状态的具体描述。企业的战略目标选择要点如表 7-3 所示。

表 7-3　企业的战略目标选择要点

维度	解析	问题
可衡量性	■ 易于衡量 ■ 明确定义并易理解	✓ 是否可以得到这个数据，并可以量化地或客观地表达？ ✓ 指标是否具有可衡量的标准？ ✓ 定义和计算方法是否明确、统一？
重大影响	■ 对价值的驱动力 ■ 相关性 ■ 有重点且经优先排序	✓ 指标测量的是短期价值创造还是长期价值创造并与经济价值的创造相连？ ✓ 关键绩效指标是否反映了业务最重要的价值驱动因素？ ✓ 关键绩效指标是否鼓励了所期望的行为？
可操作性	■ 可控制 ■ 可计算 ■ 公正、公平	✓ 所负责的具体单位或个人的努力是否会影响关键绩效指标？ ✓ 关键绩效指标是否反映了职位的主要责任或关键业务流程的绩效？ ✓ 绩效是否可以轻易地造假或歪曲？

续表

维度	解析	问题
平衡性	■ 整体性 ■ 平衡取舍 ■ 支持各个职能	✓ 关键绩效指标是否经过平衡，避免过多强调绩效的单个方面？ ✓ 关键绩效指标是否会误导管理人员追求短期成果？ ✓ 关键绩效指标是否体现了平衡取舍？ ✓ 关键绩效指标是否与各个职能和业务部门的目标一致？

企业的战略目标涉及多项指标，仅靠财务指标是无法实现对战略目标的精准表述的，也无法充分发挥决策管理功能的作用。企业的战略目标体系如表 7-4 所示。

表 7-4　企业的战略目标体系

维度	内容
财务目标	■ 市值、销售收入 ■ 利润 ■ 现金流量 ■ 净资产收益率 ■ 毛利率 ■ 应收账款
市场目标	■ 销量 ■ 市场份额 ■ 市场区域 ■ 市场排名
客户 / 员工满意度目标	■ 直接客户满意度 ■ 合作伙伴满意度 ■ 内部合作满意度 ■ 员工满意度
关键能力目标	■ 关键能力是为实现上述目标所必需的管理模式体系和能力 ■ 各部门需明确关键能力 ■ 提出关键能力年度目标

企业在设置战略目标时既要遵循市场原则、股东（政府）期望原则和充分挖掘潜能的原则，也要根据合适的参照物确立标杆，根据历史情况、现实情况以及相关要求确立内部标准，根据竞争对手、产业平均增长情况和产业先进增长情况确立外部标准。

在工业经济时代，企业内部的经营循环逐渐成为资本运动的重要场所，产品研发、生产、供应和销售的过程能够在一定程度上反映出企业的生存方式和经营内容，出资者也可以通过企业的利润分配获得相应的收益。进入金融经济时代后，资本运动的速率和规模得到了进一步提升，企业也可以借助资本运动来获得经营资本，让资本进入内部经营循环，此时，除产品研发、生产、供应和销售的过程外，资本生成和增值的过程也能够在一定程度上反映出企业的生存方式和经营内容。

在资本市场中，投资均可看作购买“预期”，企业需要从资本市场的视角展开以战略为基础的市值管理工作，从实际操作上来看，也就是对愿景、战略目标、路径和业绩等进行预期管理。战略集成了各项经营活动，在战略设计环节，企业应分别以年、月为时间单位，为各项经营活动制订推进计划，并明确各项活动的相关责任人和关键指标，不仅如此，企业还应具备足以落实战略的组织能力，能够利用自身的资源和能力按部就班地推进战略设计中的各项工作，如组织结构、组织建设、人员编制、资源需求、业务核心流程等。除此之外，企业还需增强财务支撑能力，通过编制预算等方式来提高财务的健康程度，为进一步执行战略内容提供支撑，加大资源投入，进而实现收益目标。

7.3 实践路径：商业模式创新的4个视角

7.3.1 客户驱动的商业模式创新

“创新理论”（Innovation Theory）由著名经济学家熊彼得在自己的著作《经济发展理论》中首次提出，熊彼得认为“创新”能够为经济增长提供动力。在企业的运营中，创新体现在理论、科技、产品、制度、文化等多个方面，能够帮助企业实现降本增效，有效提升竞争力，创造出更好的市场环境。

面对日渐模糊的产业边界以及愈发难以把握的竞争对手，企业需要通过创新商业模式来应对挑战，争取到更多的发展机会。成功的商业模式创新将产生深远的影响，使整个产业的竞争格局和发展方向发生变动。

下面首先来分析基于客户驱动的商业模式创新路径。客户驱动创新需要分析客户需求，对客户选择发出质疑而不是单纯地接受，与客户之间形成新型关系，建立便利度更高的渠道，使客户能够以更低的成本获取到产品或服务。

具体而言，客户驱动创新可遵照以下几种思路。

（1）目标客户：在非顾客群体中拓展市场空间

在以客户驱动商业模式创新时，需把目光放在现有的目标客户群体上，除此之外还应高度关注非顾客群体，在不同客户群体之间寻找他们的共同点，通过对目标群体的分析来拓展市场空间。

在W.钱•金（W.Chan Kim）和勒妮•莫博涅（Renée Mauborgne）所著的《蓝海战略》一书中，非顾客被划分为三个层次，如表7-5所示。

表7-5 非顾客的三个层次

层次	要点
“准非顾客”	他们的消费对象是不确定的，随时可能发生变化
“拒绝型非顾客”	对于一家企业来说即刻意回避自己的顾客
“未探知型非顾客”	这类顾客虽然未选择某家企业，但这样的行为并不意味着拒绝，只是由于种种原因始终未尝试过该企业

许多企业会着重关注大众市场，在他们看来大众市场具备多种优点，即客户需求更大，产品结构不复杂，同时管理运营的难度较低。而在大众市场之外，也有不少企业对利基市场给予了关注，他们选择了长尾式商业模式，针对细分客户群体提供更多种类的产品或服务。尽管单个种类产品的销量不高，但由于种类较多，所以累积起来的总销售额较为可观，许多时候企业在利基市场的收

益不会低于在大众市场的收益。

（2）客户关系：构建与客户的利益共同体

企业借助客户关系管理，可以降低客户获取产品或服务的成本，如此一来，客户采购意愿提升，采购金额增加，也更愿意长期与企业合作。客户关系管理可以实现企业与客户的双赢，同时还能够在客户价值和股东价值之间建立互惠互利关系。

下面来探讨客户价值与股东价值之间存在的逻辑关系，如图 7-4 所示。客户价值与股东价值的实现均需要基于一定的媒介，这个媒介即企业提供的产品和服务。在客户价值的实现过程中，企业提供能够满足客户需求的产品和服务，客户价值便得以实现，如果企业降低生产所需要的成本并提升产品和服务的品质，客户价值便能够实现最大化，因此对企业的满意度和忠诚度也得以提升。在股东价值的实现过程中，企业通过提供产品和服务来满足客户价值，与此同时也能够获取收益，如果客户价值能够实现最大化，企业的收益便能够实现最大化，最终实现股东价值最大化。

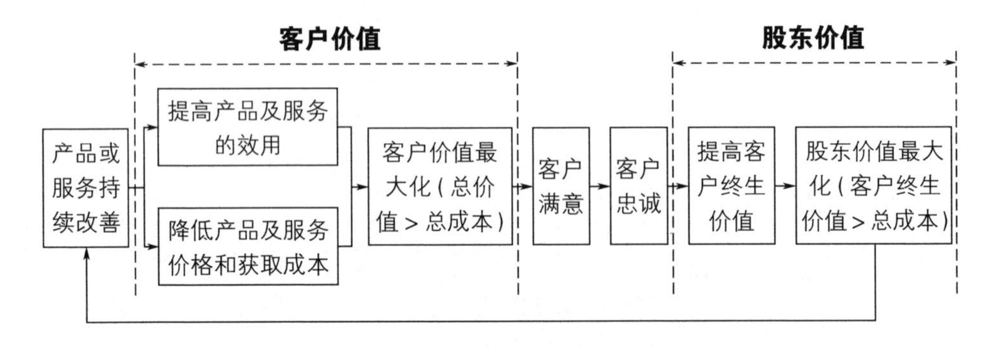

图 7-4　客户价值与股东价值之间的逻辑关系

分析客户关系时需着重考虑上图所示逻辑关系回路，在商业模式创新的基础上强化这一逻辑关系回路的作用，为企业创造长期收益。

（3）渠道通路：深入理解营销的本质

关于渠道通路，先来看一个具体案例。

云海肴和茶马古道这两家主营云南菜的连锁餐饮品牌选择了不同的渠道通路，这使得它们取得了不同的结果。

茶马古道的渠道通路较为狭窄，仅限于具有文化商业街区性质的北京后海，这片区域处于核心区，但人流量终究有限且主要集中于夏季，因此其发展较为缓慢。云海肴则将城市综合体作为渠道通路，这里能够一年四季保持较高的人流量，凭借此渠道通路云海肴实现了迅速的发展扩张。

可见，渠道通路的作用非常关键，选择渠道通路时需分析其发展趋势，并准确把握营销的本质。企业的商务活动方式大概可以分为大量销售方式、深度分销方式、社区商务方式，现实中不同企业的商务活动，都可以归纳到这三种不同的销售模式中。这三种商务活动方式的对比如表 7-6 所示。

表 7-6　三种商务活动方式的对比

项目	大量销售方式	深度分销方式	社区商务方式
生产方式	大量生产方式（规模经济）	大量生产方式（规模经济）	精益生产方式（速度经济）
触角范围 / 发力点	分销商	零售商	消费者
协调方式	市场	市场 + 管理	市场 + 管理
关系基础	现金流量、资金滚动速度	现金流量、共同利益最大化	产品生产性 + 产品交换性 + 影响力和支配力
主导职能结构	销售	销售 + 营销	营销
关键一环	销售	分销商关系管理	一体化管理
使用前提	市场潜力大、产品优势明显	竞争激烈	注重产品附加值、产品多样化

① 大量销售方式

大量销售方式所对应的条件是供求分离，在此条件下企业未形成属于自己的目标消费群体，且其市场容量并不充足，从另一个层面来看，对于接受企业提供的标准化商品，消费者也未作好准备。采用大量销售方式的企业只有在规模化生产的基础上进行规模化销售，以最大程度发挥规模化生产的潜力，由此实现产销的相互促进，才能形成自身的竞争优势，获得更多市场份额，对消费产生刺激作用，有效地扩充市场容量，为企业的再生产循环提供支撑。

② 深度分销方式

当供求关系改变后，营销方式也会随之发生变化，大量销售方式开始向深度分销方式转变，同时市场竞争的日趋激烈也促使企业做出行动以寻求生存。通过深度分销方式，可以建立有分销商和零售商参与的一体化关系体系，这里的关系指的是利益关系以及分工关系。而后，将“争夺市场”确定为整体策略，并遵循这一策略将产品引入消费领域，比如借助零售门店推介和展示产品，为消费者提供导购服务。

从本质上来说，深度分销方式是通过厂家与商家的合作创造更大的产销规模，使双方从规模经济中共同获益。在合作过程中，生产企业可以在经销商的帮助下扩大商务活动的覆盖范围，触及零售门店和终端消费者。在此条件下，企业之间的竞争不单体现在产品上，更体现在关系和渠道上。宝洁、可口可乐等知名企业采用的就是深度分销方式。

③ 社区商务方式

在社区商务方式下，企业和客户间将形成社区交往关系和一体化关系，企业会寻求在市场中建立牢固阵地，推进“生产、流通、交换、消费”的再生产全过程。从 B2B（Business-to-Business，企业对企业）型企业的角度看，一体化意味着贴近客户价值链；从 B2C（Business-to-Consumer，企业对消费者）型企业的角度看，一体化则意味着贴近消费者的生活方式和消费过程。小米是运用社区商务方式的典型案例。

在选择商务活动方式的渠道通路时，可参考客户对信息和物流的需求程度。如果客户对物流的需求程度比较低，同时对信息的需求程度比较高，那么直销模式是比较合适的方案，在与客户的直接接触中实现深入的沟通交流，使客户得以获取到更多信息，以提升成单概率，获得更高的利润。而如果客户的需求更多地体现在物流方面而非信息方面，则经销模式是更好的选择，能够以更高的效率和更低的成本与客户取得联系。除了直销模式和经销模式，也可根据实际情况采用混合模式。

7.3.2 价值驱动的商业模式创新

在构建商业模式时，价值驱动所采用的方式是建立新的价值主张，并以此作为商业模式创新的驱动力，在洞察客户的基础上进行价值主张的构建。

星巴克和瑞幸咖啡这两家咖啡品牌拥有不同的价值主张。星巴克侧重于打造“第三空间”，强调咖啡厅的社交功能，瑞幸咖啡则把经营重点放在“现磨咖啡”上，以填补市场的空白。两家品牌的价值主张决定了其商业模式的要素。星巴克重视自身的品牌效应和专业度，并借助标准化实现成本的有效控制，使产品得以拥有较高的溢价。瑞幸咖啡则选择了低价路线，在资本的支持下迅速扩张，抢占更多的市场份额。

海底捞的价值主张为“超越客户期望的服务”，以此来提升客户的满意度，树立良好的品牌口碑，凭借较高的翻台率和控制租金成本来提升营业利润。

充分理解客户需求是确立价值主张、实现商业模式创新的重要基础，但这不意味着完全按照客户表达的需求开展商业活动，因为在很多时候客户并不知道自己的真实需求是什么。福特说过：“如果我最初问消费者他们想要什么，他们会告诉我‘想要一匹更快的马’。”因此，企业在设计商业模式时要具备开放而活跃的思维，突破当前的产业格局，不被已有的产业划分所束缚，在满足需求之外做到创造需求。关于创造，乔布斯曾经说过：“创造无非就是把事物联系起来，即便是最不可思议的创意通常也不过是对已有事物进行新的组合。”

有的企业认为客户的需求就是低价，这种认识是不够全面的。价格敏感客户确实希望以更低的价格获取到同质化的价值，不过对此企业需要考虑两个问题：第一，相较于竞争对手，自己提供的价值是否为同质化价值；第二，在自己的客户群体中，价格敏感客户的占比是否很大。如果两个问题的答案是肯定的，那么企业的确可以将低价作为自己的价值主张，不过这一价值主张不只体现在价格低上，实现低价就需要降低成本，降低成本则需从供应方式、营销方式等方面入手，针对这些方面可采用的方式有自动化、协作外包等。

如果两个问题的答案是否定的，那么企业就要关注差异化价值，并对客户实施进一步的细分。有的客户并不单纯地追求低价，面对差异化的产品或服务，他们愿意付出高价。因此，企业要发掘客户在低价之外的其他需求，并学会为客户创造需求，以此形成自己的价值主张。

在构建价值主张时可使用需求分析工具来提升效率，而需求分析工具有$APPEALS 模型、买方效用定位图、移情图等。

（1）$APPEALS 模型

$APPEALS 模型用于分析客户需求，是围绕客户价值形成的一种产品概念，站在客户的角度考察产品在不同的细分项目下所表现出的竞争性。

$APPEALS 模型可以收集客户需求，从多个维度出发比较分析本企业产品和对比产品，总结产品存在的优势和劣势。$APPEALS 模型需求分析步骤如图 7-5 所示。

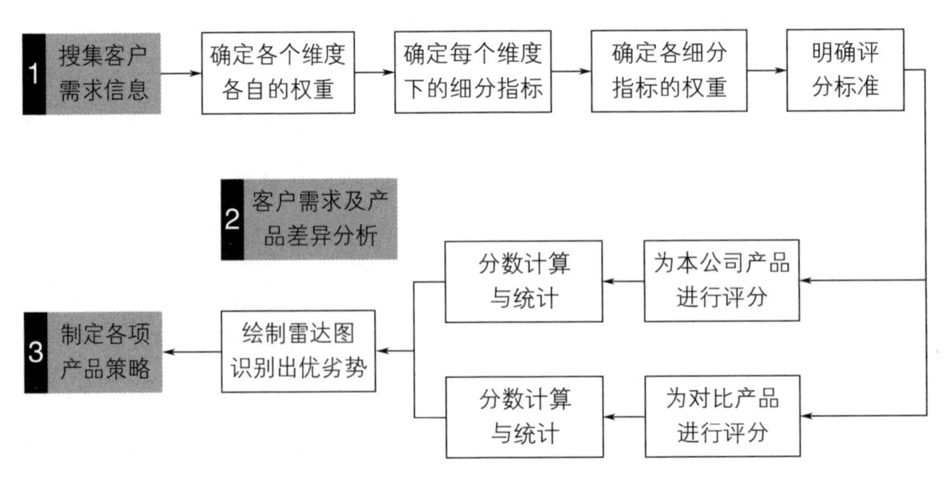

图 7-5　$APPEALS 模型需求分析步骤

① 搜集客户需求信息

基于客户需求信息进行模型分析，信息获取渠道包括市场调研、客户交流、媒体信息等。

② 客户需求及产品差异分析

参照客户需求信息确定各个维度各自的权重，得出目标产品及竞品在每一项内容之下的评分，将各项评分加权后累加在一起，计算出产品的总得分。依据产品评分进行雷达图的绘制，直观地展现出产品存在的优势和劣势。另外，有的模型复杂程度更高，在这些模型中每个维度下又各自包含多个小项，在计算产品总得分时需汇总每个小项的评分。

③ 制定各项产品策略

根据雷达图所展示的产品优势和劣势，企业制定相应的策略，发挥产品优势，并针对劣势实施改进，提高产品的质量和竞争力。

（2）买方效用定位图

《蓝海战略》中提到了“买方效用定位图”这一工具，它能够展现出产品和服务的效用价值，企业可据此进行改进和填补，如图 7-6 所示。

买方体验周期的六个阶段

六个效用杠杆	1. 购买	2. 配送	3. 使用	4. 补充	5. 维护	6. 处置
1. 顾客生产率						
2. 简单性						
3. 方便性						
4. 风险性						
5. 趣味和形象						
6. 环保性						

图 7-6　买方效用定位图

买方效用定位图由两个维度组成，横向维度包含买方体验周期的六个阶段，即购买、配送、使用、补充、维护、处置；纵向维度包含六个效用杠杆，即顾客生产率、简单性、方便性、风险性、趣味和形象、环保性，其中顾客生产率指的是产品和服务对顾客做事效率和做事质量产生的积极影响。买方效用定位图的关注对象是效用，并不涉及价格，使用该模型时要注意以下几点：

- 买方体验周期中存在的最大障碍是什么？这里的买方既包括客户也包括非客户。
- 以定位图为参照系，价值创新处在什么位置？
- 在价值创新的作用下，最大效用障碍是否已经消除？
- 价值创新点所在的效用空间是否与其他企业重合，如果答案为肯定，则这一价值创新不具备独特性。

（3）移情图

移情图（Empathy Map）是战略咨询公司 XPLANE 设计的一种可视化工具，借助移情图企业可进行换位思考，从客户角度出发洞察客户存在的需求，把握客户的所处环境、行为、偏好、困惑等。移情图在价值主张的创新中发挥关键作用，此外在移情图的帮助和引导下，企业能够通过便捷度更高的途径与客户进行接触，优化与客户之间的关系，在支付方式和收益点上做出更加合理的选择，如图 7-7 所示。

如图 7-7 所示，移情图由六部分内容组成，图中上方三角形的四个模块分别是客户的感受、所见、所闻、言行，下方矩形的两个模块分别是客户的痛点和期望。

在使用移情图时，企业需要先进行客户细分群体的选择，并描绘出客户的简单画像，包括客户的性别、年龄、收入等方面的信息，使企业形成对客户的直观印象。而后，企业从移情图给出的六项内容出发对客户进行讨论。移情不只意味着换位思考，还要求进入客户所处的情境以获得真实体验，只有经历客户经历过的场景，企业才能使用与客户相同的方式进行思考和表达，从而做到

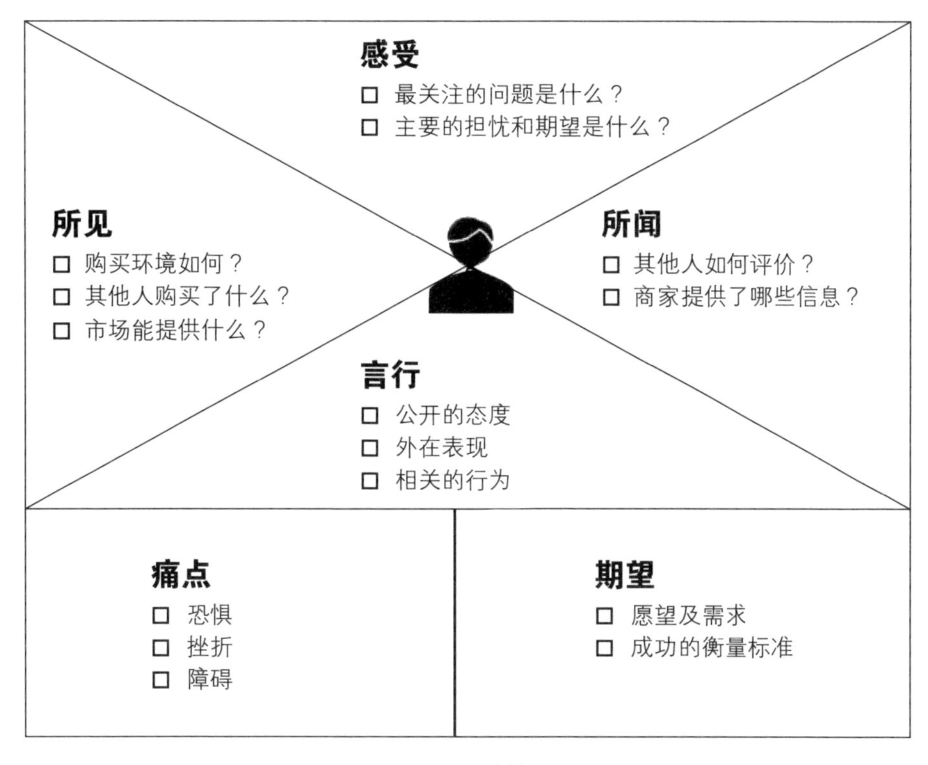

图 7-7　移情图

感同身受，真正理解客户的痛点，并据此制定出针对性更强的解决方案，更好地满足客户需求。除了采用亲身体验的方式理解客户之外，也可以让客户亲自表达他们的见闻和感受，收集客户的真实想法，通过这种方式可能会收获更好的效果。

最后，根据移情图的思考和分析结果进行价值主张创新，同时验证新价值主张的可行性和效果，比如，其能否针对客户痛点给出有效的解决方案，是否有助于提升客户体验，是否能得到客户的普遍接受。

7.3.3　资源驱动的商业模式创新

在推动商业模式创新时，资源驱动所采用的方式是对核心资源配置进行调整，优化关键业务布局，同时发挥合作伙伴的作用。资源驱动会对资产进行瘦身处理，将重资产转换为轻资产。“轻资产化”的主要目标是保持资产流动性，减少固定资产的投资，控制非流动资产在总资产中所占的比重。

重资产企业拥有大额固定资产，这为企业的资产管理制造了难题。重资产的缺陷主要体现在以下几个方面：

- 在企业资源投入方面，大额固定资产所带来的运营风险比较大。
- 大额固定资产对应的折旧数额也比较大，不利于净利率的提升。
- 假设销售收入不变，固定资产金额与周转率之间为负相关，大额固定资产会造成总资产的周转效率和报酬率处于较低水平，这将阻碍企业提升自身价值。

由于重资产存在种种缺陷，许多企业主张轻资产运营。轻资产更多地表现为软实力，而不是作为实物的资产，专利技术、市场营销、客户管理等都属于轻资产。轻资产运营只会保留较少的固定资产，而持有较多的可变资产。企业可通过精简业务实现重资产向轻资产的转变，专注于核心业务，将非核心业务通过外包的方式脱手，节省经营成本，同时规避不确定性带来的风险。

租赁和连锁加盟就是轻资产的体现，如家通过租赁而非购买的方式获得酒店经营权，在花费较少资金的前提下迅速扩张；麦当劳等餐饮品牌采用的是连锁加盟的模式，开设门店所需的大部分固定成本都由品牌加盟商来承担。

以连锁客栈为例，目前主要有三类连锁模式，按资产由重到轻排序依次为自营连锁、托管连锁、加盟连锁。

云傍花成立于2014年，是一家从事民宿投资管理的公司，其业务包括租赁经营、托管经营和加盟经营。

在租赁经营即自营模式下，云傍花通过租赁的方式获取土地，以此实现轻资产运营。在托管经营和加盟经营业务中，云傍花同样采用轻资产的方式，在资源供应上与合作方有着明确的分工，比如在加盟经营模式下，云傍花只提供内容，土地供应、运营管理、费用支出都由合作方来负责。另外在不同的业务中，云傍花的权限和盈利模式也存在差别。

7.3.4 财务驱动的商业模式创新

在推动商业模式创新时，财务驱动主要从收入来源、定价方式、成本结构等方面入手，其思路主要有以下几种。

（1）“免费”的套路

采用“免费”模式能够以较低的成本赢得客户，并从客户处取得长期收益。使用较多的免费式商业模式有三种：

① 基于广告的免费产品或服务

百度搜索服务、电视节目、飞机上的报纸，这些服务都是客户可以免费获取到的，它们能够在客户中广泛传播，凭借自身流量获取到广告收益，流量分为大规模流量和精准流量。

②“免费基础服务＋有偿增值服务”

凭借免费基础服务吸引一定数量的客户，使客户建立起对自己的信任，而后向客户提供有偿增值服务，以此来获得实际收益。以在线视频播放软件为例，这些软件的一部分视频资源是免费的，而另一部分需要付费开通会员来获取，即“免费资源＋会员专享”。这种商业模式下，企业需借助自动化的手段降低对免费客户处理的成本，同时提高免费客户向付费客户的转化率。

③ 诱钓模式

为客户提供免费或价格较低的初始产品或服务，以此为“诱饵”引导客户购买利润较高的产品及服务。比如为客户提供价格较为实惠的剃须刀，这样一来客户需要重复购买刀片；再比如提供免费电话，使客户每月支付固定套餐费。这种模式下，初始产品和后续产品之间需要建立起较强的链接，使客户产生重复购买后续产品的需求。

（2）从固定成本结构到可变成本结构

企业的整体成本由固定成本和可变成本组成。在特定的时期，当业务量处于特定的范围时，固定成本不会随业务量的变化而发生变动。可变成本则是由变动的生产要素所产生的成本，如原材料成本、能源成本、人工成本等，可变成本会随产量的变化而发生变动，其支付时间为生产过程开始之后。

通过将固定成本转换为可变成本，企业能够有效地减少经营风险，增加企业战略的灵活性，可以突破关键资源方面的限制以扩大企业的规模。实现固定成本结构向可变成本结构的转变，需要采取合作共生的方式。借助合作，企业将固定成本转变为可变成本，在这个过程中减少了一部分成本，也在一定程度上降低了运营风险。比如，针对研发环节，许多企业会通过产学研结合的方式进行研发合作，或是将研发外包给第三方，以此将固定成本转变为可变成本。

此外，部分行业中固定成本实际已经变成了收益。例如，在旅游业中，导游已不再被旅行社雇佣为固定员工，旅行社无须为导游付出管理成本，相反导游还要向旅行社支付一笔带团费，在此过程中，旅行社在旅客和导游之间扮演类似于中介的角色，雇佣导游的固定成本成了中介费形式的收益。从固定成本结构到可变成本结构，企业的投资成本和管理成本有所减少，同时企业的收益有所增加。

（3）营利模式多样化

企业可从收入来源、成本支付、定价方式三个方面入手实现盈利模式的多样化。

在收入来源方面，付费者除了直接客户之外，还包括第三方，例如在基于广告的免费产品或服务中，企业从广告商而非从直接客户处获得收益。这说明付费者与直接客户不一定是重合的，企业可以根据这一点设计自己的收入来源。

在定价方式方面，企业需基于对客户的了解选择付费群体接受度更高的定价方式，如固定定价或动态定价，一次付清或分期付款，按小时收费或按月收费。

以 Netflix 为例，该公司最初的业务是传统影片租赁，当时的传统影片租赁一般采用按天收费的方式，逾期需支付罚款，罚款处理本身是无可指摘的，但却会严重影响客户的评价和体验。Netflix 发现了按天收费的劣势，转而采用按月收费的定位方式，提高了客户的满意度，迅速在业务开拓方面取得了进展。

7.3.5　商业模式创新的注意事项

（1）需要闭环管理

产品研发需要系统地管理，同样也需对商业模式创新进行闭环管理，对应的非线性管理流程由概念理解、模式设计、实施检验、更新迭代四个环节组成，反复性尤其体现在概念理解和模式设计上。

（2）打破固有思维

实现商业模式创新，需要抛弃惯性思维。诚然，企业如今的成就是由以往的商业模式所造就的，然而环境是瞬息万变的，以往成熟的商业模式不一定能够适应全新的环境，因此企业需打破固有思维，提出创造性设想。

团队成员进行创新设想的能力是需要挖掘和培养的，企业可以向成员阐明创新设想的概念，调动其创新积极性，在此过程中可以运用多种方法和技巧，包括可视化引导和情景模拟等。此外，企业也可考虑邀请相关领域的专家开展专业培训，给出专业建议。

（3）注重全局与实践

商业模式创新要从全局出发，具备整体性思维。在商业模式创新设计过程中需要进行战略分析，并由此得出核心结论，而仅拥有海量的数据和资料，不注重全局与实践，可能会使企业变得无所适从，不能准确地把握其逻辑和脉络，也就无法作出有效决策。因此，在商业模式创新设计中，企业要建立起完整的体系，着眼于全局和整体，基于理性分析得出结论，并通过检验不断进行改进。

（4）关注长期收益

华为轮值董事长郭平提到，公司价值表现为“公司现实的获利能力和未来潜在获利机会的货币化”，所以在企业的发展中要具备长远目光，避免短视行为，在现在和未来之间取得平衡。商业模式创新设计同样要兼顾短期和长期利益，如果只看到短期回报，而忽视长期收益，就可能令企业承受损失，使企业错过良好的发展机遇。

（5）预判可能的风险

商业模式创新具有前瞻性和颠覆性，其推行往往不会是一帆风顺的，可能会面对来自现实的阻力。如果企业发展处在瓶颈期，或是面临危机，那么这时企业本身就有改变的需要，因此此时商业模式创新所遇到的阻力会比较小。但是如果企业的发展比较平稳，同时企业管理层无法在商业模式创新上形成一致意见，那么此时创新所面对的阻力就比较大。

因此，企业需要预判商业模式创新所遇到的阻力，针对风险做好准备，在资源配置、组织管理等方面采用相应的措施，为商业模式创新的顺利实现提供保障。

参考文献

[1] 倪克金，刘修岩 . 数字化转型与企业成长：理论逻辑与中国实践 [J]. 经济管理，2021，43（12）：79-97.

[2] 黄大禹，谢获宝，孟祥瑜，等 . 数字化转型与企业价值——基于文本分析方法的经验证据 [J]. 经济学家，2021，（12）：41-51.

[3] 李琦，刘力钢，邵剑兵 . 数字化转型、供应链集成与企业绩效——企业家精神的调节效应 [J]. 经济管理，2021，43（10）：5-23.

[4] 袁淳，肖土盛，耿春晓，等 . 数字化转型与企业分工：专业化还是纵向一体化 [J]. 中国工业经济，2021，（09）：137-155.

[5] 赵宸宇，王文春，李雪松 . 数字化转型如何影响企业全要素生产率 [J]. 财贸经济，2021，42（07）：114-129.

[6] 黄大力 . 运用 PEST 分析宏观环境在企业的应用 [J]. 交通企业管理，2021，36（03）：28-31.

[7] 曾德麟，蔡家玮，欧阳桃花 . 数字化转型研究：整合框架与未来展望 [J]. 外国经济与管理，2021，43（05）：63-76.

[8] 刘淑春，闫津臣，张思雪，等 . 企业管理数字化变革能提升投入产出效率吗 [J]. 管理世界，2021，37（05）：170-190+13.

[9] 陈庆江，王彦萌，万茂丰 . 企业数字化转型的同群效应及其影响因素研究 [J]. 管理学报，2021，18（05）：653-663.

[10] 宋耘，王婕，陈浩泽 . 逆全球化情境下企业的组织韧性形成机制——基于华为公司的案例研究 [J]. 外国经济与管理，2021，43（05）：3-19.

[11] 祝合良，王春娟 .“双循环”新发展格局战略背景下产业数字化转型：理论与对策 [J]. 财贸经济，2021，42（03）：14-27.

[12] 余泽田 . 自营电商平台发展战略分析——基于五力分析模型与层次分析法 [J]. 市场周刊，2020，33（10）：77-79+115.

[13] 戚聿东，蔡呈伟 . 数字化对制造业企业绩效的多重影响及其机理研究 [J]. 学习与探索，2020，（07）：108-119.

[14] 陈红 . 基于波特五力分析模型的 B 级车竞争战略分析——以一汽大众迈腾为例 [J]. 内燃机与配件，2020，（12）：197-198.

[15] 谢卫红，林培望，李忠顺，等 . 数字化创新：内涵特征、价值创造与展望 [J]. 外国经济与管理，2020，42（09）：19-31.

[16] 池毛毛，叶丁菱，王俊晶，等 . 我国中小制造企业如何提升新产品开发绩效——基于数字化赋能的视角 [J]. 南开管理评论，2020，23（03）：63-75.

[17] 杨林，和欣，顾红芳 . 高管团队经验、动态能力与企业战略突变：管理自主权的调节效应 [J]. 管理世界，2020，36（06）：168-188+201+252.

[18] 胡青 . 企业数字化转型的机制与绩效 [J]. 浙江学刊，2020，（02）：146-154.

[19] 吕铁 . 传统产业数字化转型的趋向与路径 [J]. 人民论坛 • 学术前沿，2019，（18）：13-19.

[20] 钱恩伟，王道顺 . 互联网金融行业竞争发展战略——基于波特五力分析的研究 [J]. 黑龙江金融，2019，（09）：50-53.

[21] 张东生，丁玉婉，刘宏波 . 企业战略管理基本原理探索的质性研究 [J]. 企业经济，2019，（09）：92-99.

[22] 肖旭，戚聿东 . 产业数字化转型的价值维度与理论逻辑 [J]. 改革，2019，（08）：61-70.

[23] 陈劲，曲冠楠，王璐瑶 . 基于系统整合观的战略管理新框架 [J]. 经济管理，2019，41（07）：5-19.

[24] 张昕蔚 . 数字经济条件下的创新模式演化研究 [J]. 经济学家，2019，（07）：32-39.

[25] 陈劲，杨文池，于飞．数字化转型中的生态协同创新战略——基于华为企业业务集团（EBG）中国区的战略研讨 [J]. 清华管理评论，2019，（06）：22-26.

[26] 何帆，刘红霞．数字经济视角下实体企业数字化变革的业绩提升效应评估 [J]. 改革，2019，（04）：137-148.

[27] 郭雪花．快时尚品牌营销策略分析——以“优衣库”为例 [J]. 西部皮革，2018，40（20）：74+78.

[28] 尹效国．战略导向的企业绩效管理体系构建策略——基于 H 公司绩效管理的创新变革实践 [J]. 企业经济，2018，37（09）：111-117.

[29] 徐二明，李维光．中国企业战略管理四十年（1978—2018）：回顾、总结与展望 [J]. 经济与管理研究，2018，39（09）：3-16.

[30] 王倩，钱贞．跨国公司的中国本土化营销战略研究——以日本优衣库公司为例 [J]. 中国商论，2017，（24）：67-68.

[31] 马浩．战略管理学 50 年：发展脉络与主导范式 [J]. 外国经济与管理，2017，39（07）：15-32.

[32] 罗兴武，项国鹏，宁鹏，等．商业模式创新如何影响新创企业绩效？——合法性及政策导向的作用 [J]. 科学学研究，2017，35（07）：1073-1084.

[33] 庄学敏．基于华为的战略转型分析 [J]. 科研管理，2017，38（02）：144-152.

[34] 吴晓波，赵子溢．商业模式创新的前因问题：研究综述与展望 [J]. 外国经济与管理，2017，39（01）：114-127.

[35] 任文超．企业战略管理理论的演变及发展趋势研究 [J]. 中国管理信息化，2016，19（12）：91-92.

[36] 胡守庆．PEST 分析理论模型对房地产项目营销策略的影响——以一个房地产项目为例 [J]. 经济师，2015，（02）：288-289.

[37] 罗珉，李亮宇．互联网时代的商业模式创新：价值创造视角 [J]. 中国工业经济，2015，（01）：95-107.

[38] 张继德，赵亚楠 . 企业战略成本管理在我国应用的现状、问题和对策 [J]. 会计之友，2014，（26）：122-125.

[39] 孙建国 . 优衣库营销策略研究 [D]. 北京：北京交通大学，2014.

[40] 王雪冬，董大海 . 商业模式创新概念研究述评与展望 [J]. 外国经济与管理，2013，35（11）：29-36+81.

[41] 陈志强 . 深圳 J 公司竞争战略研究 [D]. 华南理工大学，2013.

[42] 武亚军 .“战略框架式思考”“悖论整合”与企业竞争优势——任正非的认知模式分析及管理启示 [J]. 管理世界，2013，（04）：150-163+166-167+164-165.

[43] 孙湘 . 波特竞争力模型在战略管理中的应用 [J]. 企业改革与管理，2012，（11）：61-62.

[44] 蓝海林，宋铁波，曾萍 . 情境理论化：基于中国企业战略管理实践的探讨 [J]. 管理学报，2012，9（01）：12-16.

[45] 商迎秋 . 企业战略管理理论演变与战略风险思想探析 [J]. 技术经济与管理研究，2011，（03）：65-69.

[46] 王琴 . 基于价值网络重构的企业商业模式创新 [J]. 中国工业经济，2011，（01）：79-88.

[47] 周增，孙雯 . 基于波特五力分析模型的桔子酒店创新模式解析 [J]. 经济师，2010，（03）：65-66+69.

[48] 陈建校 . 企业战略管理理论的发展脉络与流派述评 [J]. 学术交流，2009，（04）：75-79.

[49] 刘善仕，周巧笑，黄同圳，等 . 企业战略、人力资源管理系统与企业绩效的关系研究 [J]. 中国管理科学，2008，（03）：181-192.

[50] 张一弛，李书玲 . 高绩效人力资源管理与企业绩效：战略实施能力的中介作用 [J]. 管理世界，2008，（04）：107-114+139.

[51] 蓝海林 . 企业战略管理：“静态模式”与“动态模式” [J]. 南开管理评论，2007，（05）：31-35+60.

[52] 缪俊 . 对五力模型的理论反思 [J]. 商业文化（学术版），2007，（08）：228.
[53] 金丽丽，黄琦，田兵权 . SWOT 分析法在项目风险管理中的应用 [J]. 科技与经济，2007，（01）：55-58.
[54] 周发明 . 论中小企业成长过程中的战略转型 [J]. 经济纵横，2006，（09）：72-74+40.
[55] 张沁园 . SWOT 分析法在战略管理中的应用 [J]. 企业改革与管理，2006，（02）：62-63.
[56] 邹韶禄 . 基于战略导向的企业全面预算管理体系研究 [D]. 中南大学，2004.
[57] 周文燕，陈辉华，刘微明 . 企业战略管理理论的发展 [J]. 吉首大学学报（社会科学版），2004，（01）：90-93.
[58] 夏晖 . 关于战略管理理论发展历程的综述 [J]. 中南民族大学学报（人文社会科学版），2003，（S2）：91-93.
[59] 席酉民，姚小涛 . 复杂多变环境下和谐管理理论与企业战略分析框架 [J]. 管理科学，2003，（04）：2-6.
[60] 龚小军 . 作为战略研究一般分析方法的 SWOT 分析 [J]. 西安电子科技大学学报（社会科学版），2003，（01）：49-52.
[61] 赵国杰，冯石岗 . 建构基于人本导向的企业发展战略体系初探 [J]. 大连理工大学学报（社会科学版），2002，（04）：34-37.
[62] 汪涛，万健坚 . 西方战略管理理论的发展历程、演进规律及未来趋势 [J]. 外国经济与管理，2002，（03）：7-12.
[63] 刘冀生，吴金希 . 论基于知识的企业核心竞争力与企业知识链管理 [J]. 清华大学学报（哲学社会科学版），2002，（01）：68-72.
[64] 李正中，韩智勇 . 企业核心竞争力：理论的起源及内涵 [J]. 经济理论与经济管理，2001，（07）：54-56.
[65] 李兴旺 . SWOT 战略决策模型的改进与应用 [J]. 决策借鉴，2001，（02）：5-8.
[66] 倪义芳，吴晓波 . 论企业战略管理思想的演变 [J]. 经济管理，2001，（06）：4-11.

[67] 王毅，陈劲，许庆瑞．企业核心能力：理论溯源与逻辑结构剖析 [J]. 管理科学学报，2000，（03）：24-32+43.

[68] 黄昕，周世植．企业经营战略 SWOT 分析方法的改进及模型 [J]. 价值工程，2000，（03）：34-37.

[69] 徐二明，王智慧．企业战略管理理论的发展与流派 [J]. 首都经济贸易大学学报，1999，（01）：25-29.

[70] 王秉安，甘健胜．SWOT 营销战略分析模型 [J]. 系统工程理论与实践，1995，（12）：34-40+45.